gutes leben
bene!

»Wir sind die erste Generation, die den Klimawandel
zu spüren bekommt, aber wir sind die letzte,
die etwas dagegen tun kann.«

Barack Obama, Posting auf seinem Twitter-Account, 23. September 2014[1]

Lina Eichler · Henning Jeschke · Jörg Alt
mit Angela Krumpen

DIE LETZTE GENERATION – DAS SIND WIR ALLE

Wenn die Welt in Flammen steht, hilft es nicht, den Feueralarm auszustellen

Allen Menschen gewidmet, die verstehen,
was auf dem Spiel steht. Und trotzdem
(und gerade deswegen) nicht aufgeben.

INHALTSVERZEICHNIS

»Ich weiß, dass die Menschen überall ängstlich und wütend sind. Ich bin es auch. Jetzt ist es an der Zeit, der Wut Taten folgen zu lassen. Jeder Bruchteil eines Grades zählt. Jede Stimme kann einen Unterschied machen. Und jede Sekunde zählt.«

António Guterres, Generalsekretär der Vereinten Nationen, anlässlich der Pressekonferenz zur Vorstellung des IPCC-Berichts, Genf, 28. Februar 2022[2]

DAS LEBEN RISKIEREN I

Tag 8:
Das alles ist eine ganz gefährliche Grenze zwischen Leben und Tod. Das muss allen hier bewusst sein.

Tag 16:
Was muss noch passieren? Was muss ich noch tun? Gleichzeitig streitet sich meine Abi-Gruppe darüber, welchen Abi-Spruch sie wählen (…) Wo ist Realität hin, wo wird nachgedacht? Wir befinden uns mitten im Klimakollaps; Menschen auf der Welt hungern jetzt schon und hier in Deutschland wird alles verdrängt. Wohin mit meiner Wut?

Tag 20:
Mein Brustkorb kribbelt. Ich sehe zwischendurch verschwommen. Plötzlich wird mir dunkel vor Augen, keine Körperspannung mehr, mein Körper sackt zusammen. Das Kribbeln wird weniger, aber nun liege ich da. Der Krankenwagen wird gerufen.

Jetzt liege ich in der Notaufnahme, kann nicht realisieren, dass es jetzt vorbei ist. Mein Körper hat ein Ende gesetzt, bevor ich es konnte.

Aus: Linas Tagebuch im Hungerstreik

Um die Mittagszeit habe ich dann verstanden, dass der wirklich sterben wird. Dass Henning es bis zum Ende durchzieht. Und das war dann auch der Punkt, an dem ich noch mal einen meiner Kontakte zu Olaf Scholz angerufen habe. Weiß Scholz, dass er sterben wird?

»Aber bis Mitternacht hört das doch hoffentlich auf. Dann ist der Wahlkampf doch vorbei.«

»Nein. Nein. Nein. So wird das nicht sein«, sage ich.

Die ganze Zeit des Wartens bin ich durch unseren Garten im Kreis gelaufen. Immer wieder. Immer weiter. Stunden an diesem Samstag.

Irgendwann, ich glaube gegen 16:30 Uhr, kam ein Anruf, ob Henning Jeschke überhaupt noch in der Lage sei, Anrufe entgegenzunehmen. Und das war eine richtig gute Frage.

Jesuitenpater Dr. Jörg Alt, am 25. September 2021, dem 27. Tag des Hungerstreiks von Henning Jeschke

*

Das Risiko zu sterben gab es, ja. Aber ich habe nicht auf das Risiko geschaut. Ich habe nur auf den Weg geschaut, den ich weitergehen wollte. Ich habe nicht die ganze Zeit gedacht, ich sterbe jetzt.

Henning Jeschke, der am 27. Tag des Hungerstreiks dann auch das Trinken einstellte und nach dem Anruf von Olaf Scholz am Abend vor der Bundestagswahl auf die Intensivstation gebracht wurde.

ES GEHT UM GERECHTIGKEIT

Gleich zwei Mini-Spidermans toben durch den kleinen Speiseraum der Jesuiten in Nürnberg. Einer ist im Grundschulalter und spricht ukrainisch, der andere ist im besten Kindergartenalter und spricht arabisch. Beide Kinder sind geflohen, der kleinere ist hier mit seinem alleinerziehenden syrischen Vater im Kirchenasyl untergekommen.

An den Tischen, um die die Spiderman-Zwerge am zweiten Tag des noch brandneuen Jahres laufen, sitzt ein knappes Dutzend Geflüchtete zusammen mit einer Handvoll Jesuiten.

An einem Nebentisch beugt sich eine Gästegruppe über einige Fotos. Auf einem der Bilder sind drei der Anwesenden zu sehen: zwei Menschen der *Letzten Generation* und ein Jesuitenpater. Auf dem Foto aus dem Sommer 2022 tragen zwei knallorange Warnwesten, alle drei haben je eine Hand auf eine Nürnberger Hauptverkehrsstraße geklebt. Kennengelernt haben sie sich durch den Hungerstreik der *Letzten Generation* während des Bundestagswahlkampfes 2021. Allen dreien ist auf je ganz eigene Weise eines heilig: Gerechtigkeit.

Jesuitenpater Dr. Jörg Alt wäre vor über 40 Jahren nicht bei den Jesuiten gelandet, wenn für diese Glaube und Gerechtigkeit nicht unabdingbar zusammengehörten. Lina Eichler hat schon als Schülerin stundenlang in der Dortmunder Innenstadt demonstriert und auch Henning Jeschke war noch ganz jung, als er erlebte, wie sehr Ungerechtigkeit schmerzt. Keiner der drei will Ungerechtigkeit einfach hinnehmen, alle drei suchen nach gerechteren Wegen in einer ungerechten Welt.

Drei Menschen. Ein Foto. Die Geschichte dazu geht so:

»DIE SIND JA JESUITISCHER ALS DIE JESUITEN«

JÖRG ALT

»Liebe Grüße, Henning Hungerstreikender« stand am Ende der E-Mail vom 5. September 2021. Das war mein erster Kontakt mit Henning. Seitdem ich 2019 die *Fridays for Future* in Nürnberg entdeckt habe, ist der Klimawandel zu einem meiner Hauptthemen geworden. In meinem Leben und im Orden hatte ich schon immer zwei Rollen: die eines Wissenschaftlers und die eines Interessenanwaltes, wie man das bei uns in der Gemeinschaft übliche Wort »advocacy« übersetzen kann. Früher ging es mir vor allem um Menschen in Flucht und Illegalität, Kampagnenarbeit kenne ich durch die Antilandminenkampagne und die zur Finanztransaktionssteuer. Auf den Hungerstreik im Herbst 2021 bin ich früh aufmerksam geworden. Mir fiel auf, dass die Gruppe ihre Forderungen immer nur über Pressemeldungen kommunizierte. Weil ich in diesem Feld Erfahrung habe, bot ich an, direkte Kontakte zu den Kanzlerkandidat:innen zu vermitteln, denn nur so kommt man weiter. Es war mir ein Anliegen, mitzuhelfen, dass sie überhaupt zugeben: »Ja, wir haben zur Kenntnis genommen, dass diese Gruppe dort ist und dass sie mit uns ins Gespräch kommen will.«

*

Jörg Alt ist 1980 als sogenannter Interessent zu den Jesuiten gekommen. Sein Ausbilder gab ihm gleich zu Beginn ein heute berühmtes Dekret zu lesen. 1974 hatte das höchste Gremium des weltweiten Jesuitenordens den eigenen Auftrag neu definiert und unter der Überschrift ›Dienst am Glauben und Förderung der Gerechtigkeit‹ verabschiedet. Die Jesuiten nennen diesen Beschluss auf ihrer Webseite einen Paukenschlag, der von großen Spannungen begleitet gewesen sei.

Jörg Alt wusste nichts von einem Paukenschlag, aber er wusste, dass das nach einem Rahmen klingt, in dem er leben könnte. Heute weiß er: »Deswegen bin ich Jesuit geworden.«

Sich als Ordenspriester politisch engagieren zu dürfen, war dann ein langer Weg. Die CSU in Bayern für den Umgang mit Asylsuchenden zu kritisieren zu dürfen, musste in den Anfängen genauso erkämpft werden wie ein Besuch der katholischen Grünenpolitikerin Christa Nickels bei einem Ordenstreffen. Dass heute der globale Blick auf Ungerechtigkeit und das Eintreten für Gerechtigkeit zum Ordensleben gehört, liegt auch an einem Meilenstein im Jahr 2008. Damals hat die Generalversammlung in Rom sich zum ersten Mal »Advocacy« zu eigen gemacht, also das öffentliche Eintreten für Menschen, die gewöhnlich keine Fürsprecher haben. Wenn Jörg Alt sich heute mit den Zielen und dem zivilen, gewaltfreien Vorgehen der *Letzten Generation* solidarisiert, z. B. in Form von Straßenblockaden, unterstützen ihn viele aus der Ordensspitze in Rom und aus den verschiedensten Kontinenten. So steht es auf der Homepage der Zentraleuropäischen Jesuiten: »Neben Alt unterstützen weitere hochrangige Jesuiten aus dem Bereich ›Gerechtigkeit und Nachhaltigkeit‹ die Proteste, wie der Orden mitteilte. Darunter seien der Leiter des Sekretariats Soziale Gerechtigkeit und Ökologie an der Generalskurie in Rom, Xavier Jeyaraj, der Direktor des Jesuit Justice and Ecology Network Africa, Charles Bwayla Chilufya, der Direktor des Development Office der Jesuit Conference India-South Asia, Siji Chacko, sowie Pedro Walpole, Director of Research des Instituts Environmental Research For Social Change auf den Philippinen.«[3]

Lehr- und Wanderjahre. Oder wie nimmt man politisch Einfluss?

Den Weg zu dieser Haltung gestaltet Jörg Alt beharrlich mit. Die Anfänge seiner eigenen politischen Reise liegen in den 1980ern. Damals arbeitet er bei einer Beratungsstelle für Asylbewerber des Diözesan-Caritasverbands Würzburg und gründet einen Freundeskreis für ausländische Flüchtlinge im Regierungsbezirk Unterfranken.

»Als ich angefangen habe mit Flüchtlingen zu arbeiten, habe ich relativ schnell gesagt: es bringt ja nichts weiter, Essen oder Kleider umzutauschen, sondern es geht darum, die Essenspakete abzuschaffen und die Sachleistungsverpflegung durch Gutscheine oder Bargeld zu ersetzen. Aber das kann man nur, indem man Kampagnen macht und Politiker nervt. Die politische Dimension humanitärer Arbeit war mir früh bewusst.«

Kampagnen und Politiker:innen nerven – genau das macht Jörg Alt in seiner Zeit in Würzburg, weil für ihn die offizielle politische Einflussnahme der Kirche zu kurz greift.

*

Zu meinem Glück setze ich nach meinem Praktikum in Würzburg mein Studium in London fort. Am Heythrop College der University of London kann ich in ganz kleinen Gruppen studieren, diskutieren, meinen Neigungen nachgehen und meinen Horizont erweitern.

Als ich mit meinem Bachelor aus London zurückkomme, ist die Welt in Deutschland eine andere. Die Wende, die friedliche Revolution von 1989, hat stattgefunden. Ich will den für den Westen neuen Teil erleben und gehe nach Leipzig, habe dort in der Pfarrei St. Georg eine Halbtagsstelle als Kaplan. Den Rest meiner

Zeit bin ich als Ausländerbeauftragter für das Katholische Dekanat Leipzig tätig und arbeite im Sächsischen Flüchtlingsrat mit. Diese meine ersten Leipziger Jahre lehren mich viel über Menschen, die komplett im Schatten leben. Menschen, ohne die unsere Wirtschaft nicht funktionieren würde. Das wird noch wichtig werden. Aber zunächst nimmt mein Leben eine völlig andere Wendung. Erst mal kommen Landminen auf mich zu.

Der Friedensnobelpreis

Als Ordensmensch habe ich nicht ein Leben in Armut und im Zölibat versprochen, sondern auch eines im Gehorsam. Bei den Jesuiten ist Gehorsam immer dialogisch, wir werden einbezogen, wenn es darum geht, was unsere nächste Arbeit ist.

Nun, die Landminen-Kampagne ist keine Arbeit, die ich mir ausgesucht habe, sie wurde an mich herangetragen: Der Jesuitenflüchtlingsdienst in Kambodscha hat diese Arbeit angestoßen, hat darauf hingewiesen, dass Waffen, die von Ländern des globalen Nordens geliefert werden, bei ihnen großes Leid und viele Probleme verursachen. Sie fordern uns auf, uns darum zu kümmern, dass diese Waffen verboten werden. Und das ist der Punkt, an dem ich schaue: »Wer macht das schon, wo klinke ich mich ein?«

Mit Begeisterung gehe ich an jede schwierige Aufgabe heran, die es zu lösen gilt. Ich habe – mit einer Ausnahme – das ganz große Glück, dass ich selbst bei Sachen, die am Anfang langweilig, schwierig und hoffnungslos scheinen, immer irgendeinen Zugang finde. Einen Zugang, der mich dann auch richtig innerlich motiviert, sodass ich mich an einer Sache festbeißen kann. Und das ist jedes Mal der Punkt, an dem ich Wege finde, wie es gehen kann – und dann einfach nicht lockerlasse. Wie ein Wadlbeißer eben oder »Gottes Terrier«, wie mich mal ein Journalist nannte.

*

10. Dezember 1997. Wie jedes Jahr wird am Todestag von Alfred Nobel im Rathaus von Oslo der Friedensnobelpreis verliehen. Unter den Gästen aus aller Welt: Jörg Alt, der an den vorhergegangenen Verhandlungen nicht nur als Sprecher des deutschen Kampagnenbündnisses, sondern auch als Mitglied der deutschen Regierungsdelegation beteiligt war.

Ich habe einen Randplatz gehabt, am Gang gesessen, mit einer guten Sicht auf die Bühne. Natürlich war es aufregend, als die Königin und der König, huldvoll grüßend, an mir vorbei zur Bühne gingen. Und ich habe mich sehr gefreut, dass ich neben dem österreichischen Botschafter platziert worden bin. Wir hatten während der Verhandlungen gut zusammengearbeitet.

Ich gestehe, dass mir eines in Oslo auf jeden Fall durch den Kopf gegangen ist: »Ätsch, euch haben wir es gezeigt.« Von Anfang an war die Stimmung im Raum: Das schafft ihr nicht. Das schafft ihr einfach nicht, den Armeen dieser Welt ein Spielzeug wegzunehmen. Und danach sah es ja zunächst auch wirklich aus: Alle haben gesagt, Antipersonenminen sind integraler Bestandteil der Verteidigungs- und Sicherheitsstrategie, Verteidigung der Landgrenze und eben Verteidigung der eigenen Soldaten. Immer wieder haben sie uns aufgefordert: Gebt es doch auf, das schafft ihr eh nicht.

Doch innerhalb von zwei Jahren haben wir es geschafft. Innerhalb von nur zwei Jahren haben wir es geschafft, dass Dutzende von Ländern gesagt haben: Stimmt, Antipersonenminen brauchen wir eigentlich nicht.«

Jörg Alt muss heute noch lachen, wenn er an diese kleine Szene im Osloer Rathaus denkt, wenn er sich daran erinnert, was möglich sein kann, obwohl »alle« sagen, dass etwas unmöglich ist. Am Ende gelingt das Unglaubliche:

Das Übereinkommen über das Verbot des Einsatzes, der Lagerung, der Herstellung und der Weitergabe von Antipersonenminen und über deren Vernichtung (kurz auch *Ottawa-Konvention, Ottawa-Abkommen* oder englisch *Anti-Personnel Mine Ban Convention,* kurz Mine Ban Treaty) ist ein völkerrechtlicher Vertrag zum Verbot von Antipersonenminen.

Der rasche Erfolg des Ottawa-Prozesses wäre aber nicht möglich gewesen ohne die engagierte Mitarbeit der Internationalen Rotkreuz- und Rothalbmond-Bewegung, des *Kinderhilfswerks der Vereinten Nationen (UNICEF)* und weltweite Aktionen vieler Nichtregierungsorganisationen – vereint in der *International Campaign to Ban Landmines (ICBL).* Sie trugen entscheidend dazu bei, die Minenproblematik in das Bewusstsein der internationalen Öffentlichkeit zu rücken. Die ICBL wurde für ihr Engagement 1997 mit dem Friedensnobelpreis ausgezeichnet.[4]

Einmal im Leben erlebt zu haben, was Solidarität bewegen kann, verändert einen. Wer einmal erlebt hat, welche Power sich entfaltet, wenn Menschen sich zusammenschließen und gemeinsam mit aller Kraft an einem Strang ziehen, der vergisst das nicht so schnell. Für Jörg Alt ist das Geschehen im Rathaus von Oslo unvergessen. Er ist, als die Verleihung des Friedensnobelpreises stattfindet, immer noch jung. Derart erfolgsgekrönt wird er noch ein bisschen entschiedener.

Denn die im Dunkeln sieht man nicht

»Unterdessen kommt in Deutschland die Frage auf, was eigentlich mit den Migrant:innen passiert, die nach der Asylrechtsänderung ins Land drängen, also was passiert mit illegalen Immigrant:innen?«

Jörg Alt stellt fest: Niemand weiß etwas darüber, denn niemand forscht darüber. Daraufhin heißt es plötzlich: »Dann geh doch und schau nach.«

*

Genau das habe ich dann getan. Wieder haben viele gesagt: »Da kommen Sie nie ran.« Aber mich hatte es gepackt. Ich habe mich von jetzt auf gleich aus der internationalen Antipersonenminen-Kampagne ausgeklinkt und gesagt: »Entschuldigung, ich habe jetzt eine neue Aufgabe.« Das war gar nicht so einfach, denn die Kampagne ging ja weiter, nun wurde über andere unterschiedslos tötende Waffen verhandelt. Gerne wäre ich dabei gewesen, es war ja auch schön, berühmt, beliebt und effizient zu sein. Aber ich habe gemerkt, auf mich wartet eine völlig neue Aufgabe mit völlig neuen Herausforderungen. Ich kann das nicht parallel machen. Also habe ich einen Hebel umgelegt. Zunächst dachte ich, ich wäre am falschen Ort, denn in Leipzig gab es ja keine Flüchtlinge, da gab es Arbeitsmigration, das ist eine völlig andere Kategorie. Aber ich habe mir gesagt, jetzt fängst du halt mal an und dann schaust, wie weit du kommst. Und dann habe ich die Ukrainer gefunden. Ganz Leipzig wurde damals von Ukrainern umgebaut. Überall gab es Bauprojekte, um die Stadt zu modernisieren. Aber mein Gott, war das schwer, an die Ukrainer heranzukommen. Das einzige Pfund, das ich hatte, war, dass ich als Seelsorger in der Stadt bekannt war und dass ich in meiner ersten Zeit in Leipzig im Flüchtlingsrat gewesen bin. Die Öffentlichkeit kannte mich als Flüchtlingsseelsorger. Und irgendwie war klar, dass ich es nicht aus Eigennutz machte, sondern tatsächlich ein Anliegen für andere hatte.

Wieder war es so, dass alle sagten: »Das kann nicht funktionieren.« Aber es ging dann eben doch. Ich habe für meine Forschungen Zugang zu den Menschen in der Illegalität gefunden. Erst in Leipzig, dann in München, wo Menschen illegal in den Vororten putzten, kochten und gärtnerten. Drei Bücher sind über diese Arbeit entstanden. Für mein Buch *Leben in der Schattenwelt* habe ich nachträglich einen Doktortitel und schließlich 2004 noch den Augsburger Wissenschaftspreis für interkulturelle Studien bekommen.

*

Aber es blieb nicht bei Wissenschaft und Forschung, es sollten auch konkrete Verbesserungen für die Menschen erreicht werden. Organisatorisch gäbe es dazu seitens der katholischen Kirche prinzipiell gute Voraussetzungen: »Es gibt ja das Katholische Büro in Berlin. Die Bischofskonferenz hat, um im Bild zu sprechen, eine Art Botschaft bei der Bundesregierung. Wie jede Botschaft ist auch diese meist auf Kompromiss auf Dialog ausgerichtet. Aber ein Kompromiss ist oft keine gute Lösung.«

Insbesondere die Arbeit für »illegale« Migrant:innen ist eine absolut heiße Kartoffel. Denn: Die Regierungen sagen, salopp ausgedrückt: »Also mit Illegalen gehen wir mit Ausländer- und Strafrecht um, aber nicht mit humanitären Gefühlsduseleien.« Aber das war dann der Moment, an dem die ersten Bischöfe gesagt haben: »Nein, das geht eigentlich so nicht. Denn es geht ja um Menschen, es geht um Kinder, es geht um Schulbildung, um Grundrechte.« Schon damals haben wir einen Konflikt mit dem

Katholischen Büro. Man wirft mir vor: »Sie erschweren unsere Arbeit«, »Sie schädigen mit Ihrem Handeln den Ruf der katholischen Kirche, sorgen für Konflikte, die wir dann irgendwie bereinigen müssen«. Das führt dazu, dass wir neben dem Katholischen Büro eine zweite Institution, das Katholische Forum ›Leben in der Illegalität‹, gründen. Das Katholische Büro macht weiterhin seine etablierte Arbeit hinter den Kulissen und ich bringe als Geschäftsführer des Katholischen Forums *Leben in der Illegalität* zusammen mit Sr. Cornelia Bührle, der Ausländerbeauftragten des Kardinals von Berlin, das *Manifest Illegale Zuwanderung* auf den Weg.

Es geht um die Arbeit im Hintergrund, darum, diskret zu informieren und zu werben. Damals lerne ich, wie erfolgreich auch eine solche Arbeit sein kann. Meine Mitstreiter und ich haben uns gefragt: Was können wir tun, damit das Leben der Menschen leichter wird? Aber dazu konnten wir keine Kampagne machen. Dann wären viele Ressentiments und Stimmen aufgekommen, nach dem Motto: »Oh, die Kirche engagiert sich für Kriminelle!« Deswegen haben wir hinter den Kulissen gearbeitet. Und es ist gleichzeitig ein Manifest entstanden, das von vielen bekannten Menschen unterschrieben wurde. Das war in dieser Zeit beinah ein kleines Wunder. Jedenfalls stand es so in der *Frankfurter Rundschau:* »Mit dem Zuwanderungsgesetz schien auch das Kapitel Menschen ohne Papiere bis auf Weiteres ad acta gelegt. Dass nun ein ungewöhnlich breites Bündnis das Thema doch wieder aus der Verdrängung holt, ist da fast ein Wunder und in Deutschland ein Novum. Denn bisher ist es selbst bei weniger prekären ausländerpolitischen Themen kaum gelungen, so viele prominente Namen zusammenzubringen.«[5]

In der Tat ist die Liste der Unterschriften beeindruckend, versammeln sich doch Abgeordnete aller Parteien, im Bundestag und in den Ländern, Forschende aus den unterschiedlichsten wissenschaftlichen Disziplinen, Menschen aus der Justiz, aus den Kirchen und anderen Institutionen.

Das ist politisch ein Erdbeben und bewirkt unglaublich viel. Aber alles bis hierher zeigt auch, wie viel ich lernen musste um zu verstehen, wie überhaupt auf politische Prozesse Einfluss genommen werden kann.

Von den Mayas lernen

Das Manifest, das von so vielen Menschen unterschrieben wurde, ist ein weiterer großer Durchbruch. Aber der Jesuitenpater Jörg Alt brauchte nach alldem eine Pause. Er war müde.

Wie gut, dass Jörg Alt sein Tertiat, das sogenannte dritte Jahr des Noviziats, also der internen Ausbildung im Orden zum Jesuiten, noch nicht absolviert hatte. Bislang war dafür einfach nie Zeit gewesen. Um seine Ausbildung offiziell abzuschließen, ging er in die Nähe von Boston, USA. Zu diesem Tertiat gehört ein mehrmonatiges Praktikum. Jörg Alt wollte dieses eigentlich in einer armen US-Großstadtpfarrei machen. Dann aber kam die Anfrage aus Punta Gorda, Belize, ob denn nicht jemand Lust habe, die Jugendarbeit unter den Maya-Indianern zu verstärken. Begeistert sagte Jörg Alt zu. So begeistert, dass er am Ende des Tertiats darum bat, noch zwei weitere Jahre dort als einfacher Seelsorger bleiben zu dürfen. Aus dem einen geplanten Jahr wurden drei. Und selbst bis in den mittelamerikanischen Dschungel können einen die eigenen Themen verfolgen.

Belize also, dieses in Europa so unbekannte Land, das an der Grenze zu Mexiko und Guatemala liegt, in dem tropischer Regenwalddschungel wächst und warme Winde vom Golf von Honduras wehen. Hier wollte sich Jörg Alt erholen und als Seelsorger in den sogenannten Maya Mountains, also in Dörfern der indigenen Mayas, arbeiten. Sprich, Menschen verheiraten oder beerdigen, Kinder unterrichten, Schulen verbessern. Das normale katholische Missionsprogramm eben.

Doch so einfach war es nicht. Jörg Alt hatte es sich zum Prinzip gemacht, mit den Menschen zusammenzuleben und immer eine Woche in je einem der Dörfer zu wohnen, bevor er weiterzog. So bekam er mit, dass es in einigen Dörfern kaum Männer oder ältere Jugendliche gab. Und begriff: Die sind weg. Die leben als Illegale in den USA. Suchen Arbeit und versuchen von dort, ihre Familien zu unterstützen. Plötzlich war Jörg Alt also am anderen Ende der Migrationskette gelandet, konnte vor Ort, in einem sogenannten Herkunftsland, studieren, warum Menschen alles hinter sich lassen. Bevor er nach Deutschland zurückkehrte, reiste er mit Briefen und Geschenken der Familien beladen nach Los Angeles. Hierhin hatte es die meisten Männer seiner Pfarrei verschlagen. Hier konnte Jörg Alt erleben, was aus ihren Hoffnungen wurde.

»Es war herzzerreißend zu sehen, wie die Träume zerplatzten. Ja, die Menschen fanden illegale Arbeit, Schwarzarbeit. Aber sie mussten ihr Leben in der Fremde auch finanzieren. Sie lebten erbärmlich, um überhaupt von ihrem verdienten Geld noch etwas abzweigen zu können.«

Wirklich kennengelernt hat Jörg Alt die Indigenen in den Mayadörfern an den Abenden. Wenn die Arbeit endlich getan war, saß er mit Kindern und den älteren Männern, die in den Dörfern geblieben waren, an den Badestellen am Fluss. Beim Warten darauf, dass die Frauen und Mädchen das Essen kochten, erfuhr Jörg Alt viel über die Spiritualität der Mayas. »Erstmals realisierte ich, dass dem Westen etwas abhandengekommen ist, was in anderen Kulturen stets lebendig war: Das Wissen darum, dass das Erdsystem ein lebendiges Ganzes ist und dass wir als Menschen aufgrund bestehender Wechselwirkungen keinen Raubbau betreiben dürfen, wenn wir unser eigenes Überleben nicht gefährden wollen.« Unter alten Bäumen, die ihre mächtigen Wurzeln ins Ufer krallten, wurde der Grundstein gelegt, dass Jörg Alt sich ab 2019 mit Haut und Haar dem Klima- und Umweltschutz verschreiben würde.

*

Es gäbe noch viel zur Kampagne für eine Finanztransaktionssteuer zu sagen, die Jörg Alt in den Folgejahren aufbaute und leitete. Sie startete mit einer erfolgreichen Petition, die eine Behandlung des Themas im Bundestag durchsetzte und die Kampagne damit auf einen guten Weg brachte. Dennoch kam es 2018 erst einmal zu einer Pause. Unter dem Druck der Finanzlobbys und wegen des Wunsches von Emmanuel Macron, Banken nach dem Brexit nach Paris zu locken, begruben die zehn Staaten, die im Prinzip diese Steuer befürworteten, das Projekt. Auf der Webseite der Kampagne heißt es:

> Deutschland und Frankreich verständigten sich am 3.12.2018 darauf, die Finanztransaktionssteuer zu einer Steuer auf den Handel mit Aktien nach französischem Vorbild umzuwandeln, das Geld soll in europäische Budgets fließen. Das hat mit dem, wofür wir gekämpft haben, nichts mehr zu tun. Das können wir nicht gutheißen, da wollen wir nicht mehr mitmachen. Deshalb hat die Mitgliederversammlung der Kampagne beschlossen, ihre Kampagnentätigkeit auszusetzen. Die nächste Finanz- und Bankenkrise kommt bestimmt, und dann unternehmen wir einen neuen Anlauf.[6]

Aber noch in einem anderen Kontext begegnete Jörg Alt der Macht der Superreichen, Banken und Konzerne: Zusammen mit Jesuiten in Kenia und Sambia arbeitete er von 2012 bis 2016 am Forschungsprojekt *Tax Justice & Poverty.*[7] Dieses Forschungsprojekt trug eine Fülle von Belegen zusammen, wie sich Vermögende über Steuerparadiese der Geltung von Gesetzen entzogen, wie Gesetze unter dem Druck von Interessengruppen und Lobbys zustande kamen, um in der Folge beispielsweise die Cum-Ex-Betrügereien zu ermöglichen oder wie Gesetzesreformen, beispielsweise die der Erbschaftsteuer in Deutschland, nicht zustande kamen.[8] Wie es George Orwell in seinem Buch *Animal Farm* bereits auf den Punkt brachte: In der Demokratie sind zwar alle gleich, aber einige sind dann doch privilegierter und haben mehr Einfluss. Auch eine Studie von Elsässer/Hense/Schäfers im Kontext des Armuts- und Reichtumsberichts der Bundesregierung stellte zu dieser Zeit fest:

> Wenn in einer Demokratie die Politik systematisch den politischen Präferenzen bestimmter sozialer Gruppen folgt, wohingegen die anderer missachtet werden, wird der Grundsatz politischer Gleichheit beschädigt. Die Auswertung dieser Daten zeigt einen deutlichen Zusammenhang zwischen den getroffenen politischen Entscheidungen und den Einstellungen von Personen mit höherem Einkommen, aber keinen oder sogar einen negativen Zusammenhang für die Einkommensschwachen. In Deutschland zeigt sich somit eine ähnliche Schieflage politischer Repräsentation wie in den USA, obwohl sich die beiden Staaten in ihren institutionellen Voraussetzungen stark unterscheiden.[9]

Apropos USA: Dort kritisierte etwa der Wirtschaftsnobelpreisträger Joseph Stiglitz den unangemessenen Einfluss von »Erboligarchien« auf die eigentlich dem Gemeinwohl verpflichtete Regierung.[10] Wenn dies aber der Fall ist, stellen sich weitere Fragen: Leistet die Demokratie dann das, was sie leisten soll? Ist sie in der Lage, mit der Herausforderung des Klimawandels angemessen zurechtzukommen?

Diese Erkenntnisse begleiteten fortan die Arbeit von Jörg Alt. Und waren hilfreich, um ein neues Thema in seiner ganzen Tiefe zu verstehen.

Fridays for Future

Es war die junge Generation im globalen Norden, die Jörg Alt klimatechnisch eins und eins zusammenrechnen ließ. 2019 ging er mit dieser Erkenntnis irgendwann zum Leiter der Nürnberger Jesuitenniederlassung: »Unsere Projektpartner in Afrika klagen jetzt schon so viele Jahre über die Folgen des Klimawandels. Und jetzt haben wir die *Fridays for Future*-Bewegung vor der Haustür. Im Grunde sagen und wollen doch beide dasselbe. Sollten wir nicht mal nach dieser Riesendemonstration, die gerade in Nürnberg lief, Kontakt aufnehmen?« Die Antwort des Chefs war lakonisch kurz, aber sehr hilfreich: »Geh halt hin.«

Jörg Alt ist hingegangen.

*

Ich habe mir erst mal zwei Stunden lang alles angehört, so mit Basisdemokratie und allem Drum und Dran. Innerlich habe ich gebrodelt. Denn: Reden die nur oder machen die auch mal was?

Aber irgendwann wurde gesagt: »Ja, und jetzt fragen wir mal unsere Gäste. Was bringt ihr denn so mit? Und wie geht es euch gerade?«Und dann habe ich mich kurz vorgestellt und gefragt, ob geplant ist, etwas zur Kommunalwahl zu machen. »Ach, das wäre eigentlich eine Idee. Was könnte man denn da machen?« »Na ja …«, habe ich gesagt, »was erwartet ihr denn von eurer Stadtregierung hier in Nürnberg?« Damit waren wir schon mitten im Thema. Es waren dann genügend anwesend, die gesagt haben, ja, warum eigentlich nicht? Und ich habe angeboten: »Gut, ich organisiere euch, wenn ihr es wollt, auch die Kontakte zu den Spitzenkandidat:innen und ihr kümmert euch um das Programmatische.«

*

So hat es angefangen mit Jörg Alt und den *Fridays,* wie er sie nennt. Insbesondere hat er dann mit Vincent Gewert zusammengearbeitet, einem der führenden Köpfe der *Fridays* in Nürnberg. Im ersten gemeinsamen Projekt ging es darum, wie Nürnberg bis 2030 klimaneutral werden könnte. Für den Wissenschaftler Jörg Alt war dabei wichtig, dass die Gruppe auch mit *Scientists for Future* zusammenarbeitet. Und er hält fest: »Die *Fridays* haben ein ganz fantastisches Papier erstellt. Und auf dieser Basis sind wir dann in die Diskussion mit den Oberbürgermeisterkandidat:innen gegangen.«

Tja, diese Diskussion fand am 13. März 2020 statt. Und war aber auch just die letzte Veranstaltung vor Corona.

Während die Corona-Pandemie das öffentliche Leben lahmlegt, geht die Arbeit und der Kampf für mehr Klimagerechtigkeit eben sozial distanziert weiter, verlagert sich in Videokonferenzen.

Im Jahr 2020 wollte ein breites zivilgesellschaftliches Bündnis mit einer Petition einen am Bayerischen Landtag angesiedelten Dialogprozess zwischen Politik, Wissenschaft, Wirtschaft und Zivilgesellschaft anregen. Der Grund: Trotz der zunehmend dramatischen Appelle der Wissenschaft, dass die Menschheit angesichts der Erderhitzung und Ressourcenübernutzung dringend eine sozial-ökologische Transformation angehen sollte, geschah viel zu wenig, viel zu langsam. Und: Wenn etwas geschah, hatte man den Eindruck, dass vor allem auf wirtschaftliche Interessen Rücksicht genommen wurde, nicht aber auf Erfordernisse der sozialen, internationalen und intergenerationellen Gerechtigkeit.

Das Bündnis richtete eine Petition an den Bayerischen Landtag und schlug einen breit getragenen Dialogprozess zu 19 relevanten Themenfeldern vor. Der Sozialausschuss des Bayerischen Landtags sprach der Petition einstimmig (AfD ausgenommen) eine »Würdigung« aus und schlug der Staatsregierung die Berücksichtigung eines entsprechenden Konsultationsprozesses vor. Darauf ging die Staatsregierung nicht ein, weshalb wir jetzt versuchen, uns im Landtagswahlkampf Gehör zu verschaffen.[11]

Jörg Alt holt die Arbeit und die Aktionen auch ins eigene Haus, gründet 2022 zusammen mit seinen Ordenskollegen in Nürnberg das UKAMA-Zentrum für sozial-ökologische Transformation.

Bevor es aber dazu kommt, geschieht etwas, was Jörg Alts Leben verändert. Anfang September 2021 hat ihn ein sogenannter Google-Alert, eine automatische Benachrichtigung, dass es Neuigkeiten zu einem bestimmten Thema gibt, auf einen Hungerstreik von jungen Menschen im Regierungsviertel aufmerksam gemacht, der noch mal eine neue, große Wende in sein Leben bringen wird.

WEIL ES MEINE PFLICHT IST

LINA EICHLER

»Wir haben Haustiere, streicheln einen Hund und essen ein Steak. Und niemand fragt, wieso ist das eine Tier mehr wert als das andere, obwohl beide Tiere sind?«

Lina hat früh angefangen die Welt, in der sie lebt, zu hinterfragen. Besonders, wenn es um Tiere ging. Vielleicht hat alles mit Pucky und Möhre angefangen. Wer weiß das schon. Pucky und Möhre waren die Meerschweinchen von Lina und ihrer Zwillingsschwester. Also die ersten beiden Meerschweinchen. Später sollte ein Tierchen schwanger werden und viele kleine Minimeerschweinchen zur Welt bringen. Nun, viele Kinder haben Meerschweinchen, was soll das schon zu bedeuten haben? Aber wie oft erinnern sich Klassenlehrerinnen daran, dass eine Schülerin bei jedem, aber auch wirklich jedem Ausflug in den Drogeriemarkt huschte, um noch schnell was für Möhre, das Meerschweinchen, zu holen? Schon seltener.

Auch seltener, dass in einer Geschichte ein Schwein vorkommt, das »Herr Bert« heißt, ein ausgewachsenes, ganz ohne Meer davor. »Herr Bert« ist ein vor dem Schlachthof gerettetes Tier. Damit »Herr Bert« in Frieden zusammen mit vielen anderen geretteten Tieren sein Leben genießen kann, hat Lina viele Fenster geputzt und sich so das Taschengeld aufgebessert, weil Tierfutter teuer ist. Pucky, Möhre und »Herr Bert« zusammen erzählen also dann doch schon ein bisschen was über Lina.

Deren Kindheit und Jugend sich, mal abgesehen von der Geburt im hohen Norden, in Lünen in Nordrhein-Westfalen abspielt. Eine Familiengeschichte, in der viel Natur vorkommt. Viele Frühstücke am Kanal, viele Urlaube auf einem Campingplatz, viele Spaziergänge in Naturschutzgebieten; Sommerferien in Holland am Meer und Eltern, die ihre Kinder unterstützen. Was in dieser Geschichte noch besonders wichtig werden wird.

Linas Reise erzählt aber auch davon, wie wichtig Schulen im Leben unserer Kinder sind und welchen Rückhalt engagierte Lehrer:innen geben können. Dass Schulnamen, wenn man es gut macht, auch Schulprogramme sind und wirklich Einfluss auf das Leben von den Kindern und Jugendlichen haben, die viele Jahre durch die Türen gehen, an denen die Schulnamen stehen, kann in dieser Geschichte auch besichtigt werden.

Bis drei Monate vor dem Beginn der Abiturprüfung hat Lina Eichler die Geschwister-Scholl-Gesamtschule in Lünen besucht, nicht weit weg von Dortmund. Zum Konzept von Gesamtschulen gehört es, dass es, wenn möglich, ab der fünften Klasse zwei Klassenlehrer:innen gibt, die die Kinder so lange wie möglich begleiten. Lina bekam zwei Klassenlehrerinnen, die jede auf ihre Art bleibenden Eindruck hinterließen. Eine von ihnen, Katrin Rieckermann, hat ihre Schülerin Lina sogar acht Jahre begleitet und kann nachvollziehen, dass Lina drei Monate vor dem Abitur die Schule verlassen möchte, um sich in Vollzeit dem Einsatz für das Klima zu widmen. Aber davon später mehr.

Von Anfang an liebt Lina die Angebote, die die Schule zusätzlich zum Unterricht macht. »Ich war schon immer ein sehr naturverbundener Mensch. Da fand ich es toll, dass wir eine Garten-AG hatten. Hier konnte ich unter freiem Himmel arbeiten, Äpfel pflücken und daraus Apfelsaft machen. Ich war schon immer gerne draußen.«

Was Lina mit ihren Lehrerinnen verband, war aber viel mehr als nur der Garten und die Natur.

»Schon früh hatte ich ein Ungerechtigkeitsempfinden. Und dann liegt es total auf der Hand, dass man sich gegen unfairen Handel von Lebensmitteln und gegen Rassismus einsetzt.«

Mit dieser Einstellung trifft es sich gut, dass die eine der beiden Klassenlehrerinnen von Lina, eine »Fair Trade-AG« anbietet und die andere, Katrin Rieckermann, die AG »Schule ohne Rassismus«. Das Schicksal hat es an dieser Stelle besonders gut mit allen dreien gemeint, denn zu allem anderen stimmte auch noch die Chemie: »Ich mochte die beiden auch sehr gerne außerhalb des Unterrichts.« So wurden die AGs für Lina zu Höhepunkten des Schullebens und ein Ort, an dem viel gelernt, aber auch viel gehandelt wurde. In der Pause hat Lina z. B. Produkte aus fairem Handel verkauft. Und sie machte früh eine Ausbildung zum *SDG-Scout (Sustainable development scout),* jemand, der für nachhaltige Ziele eintritt, und führte bei der Fairtrade-Messe im nahen Dortmund Klassen über das Messegelände.

Im Jahr 2015 hat die Weltgemeinschaft die Agenda 2030 verabschiedet. Die Agenda ist ein Fahrplan für die Zukunft. Mit der Agenda 2030 will die Weltgemeinschaft weltweit ein menschenwürdiges Leben ermöglichen und dabei gleichsam die natürlichen Lebensgrundlagen dauerhaft bewahren. Dies umfasst ökonomische, ökologische und soziale Aspekte. Alle Staaten sind aufgefordert, ihr Tun und Handeln danach auszurichten. Deutschland hat sich bereits früh zu einer ambitionierten Umsetzung von »Nachhaltigkeitszielen« bekannt:

Ziel 1: Armut in jeder Form und überall beenden
Ziel 2: Ernährung weltweit sichern
Ziel 3: Gesundheit und Wohlergehen
Ziel 4: Hochwertige Bildung weltweit
Ziel 5: Gleichstellung von Frauen und Männern
Ziel 6: Ausreichend Wasser in bester Qualität
Ziel 7: Bezahlbare und saubere Energie
Ziel 8: Nachhaltig wirtschaften als Chance für alle

Ziel 9: Industrie, Innovation und Infrastruktur
Ziel 10: Weniger Ungleichheiten
Ziel 11: Nachhaltige Städte und Gemeinden
Ziel 12: Nachhaltig produzieren und konsumieren
Ziel 13: Weltweit Klimaschutz umsetzen
Ziel 14: Leben unter Wasser schützen
Ziel 15: Leben an Land
Ziel 16: Starke und transparente Institutionen fördern
Ziel 17: Globale Partnerschaft[12]

Zerreißt den Mantel der Gleichgültigkeit

Mehr noch als der Unterricht in der AG für fairen Handel bewegen Lina die Unternehmungen aus der AG Schule ohne Rassismus. In der stellt die Lehrerin Katrin Rieckermann immer wieder Ausflüge auf den Lehrplan. Sie machte ihre Schüler:innen mit der jüngsten Geschichte ihrer kleinen Stadt vertraut. Es geht beispielsweise um Stolpersteine. Oder um Besuche in der sogenannten Steinwache in Dortmund, einer Mahn- und Gedenkstätte, die sich im alten Dortmunder Polizeigefängnis befindet. Während der NS-Zeit wurden hier mehr als 66 000 Menschen festgehalten und durch die Gestapo misshandelt.

Vor allem die Besuche in der Steinwache haben Lina nachhaltig beschäftigt. »Ich weiß noch, als wir diesen Ort besucht haben in Dortmund, das alte Gefängnis, das war auf jeden Fall richtig heftig für mich. Wir standen in den Zellen und außen hing ein Schild, was das für Zellen waren. Beispielsweise, dass sie eine Zelle abgedunkelt haben. Und dann die Folterräume. Dass so mit den Leuten umgegangen wurde, die sich einfach wirklich für das Richtige eingesetzt haben. Das hat auf jeden Fall alles

Eindruck bei mir hinterlassen.« Mit derselben Lehrerin besuchte Lina später auch die Wewelsburg, die von 1934 bis 1945 von der SS genutzt wurde, und das KZ Esterwegen im Emsland. Es ist eines der frühesten Konzentrationslager, hier wurden viele politische Gefangene inhaftiert.

Eine besondere Bedeutung haben aber nicht nur diese Aktivitäten, die natürlich alle gut in den Rahmen einer Geschwister-Scholl-Schule gepasst haben, sondern auch der Schulname und das Gedenken und das Vorbild von Sophie und Hans Scholl selbst. Jedes Jahr gab es am Todestag der Geschwister Scholl einen ganzen Schultag lang Aktionen zu den Geschwistern und ihrer Geschichte. »Wir haben Filme gesehen, Texte gelesen und alles Mögliche gemacht. Einmal hingen Flugblätter an Fäden von der Decke, als hätte sie jemand runtergeworfen. Darauf standen viele Informationen. Wir haben uns auch gemeinsam mit Überlebenden vom Holocaust auseinandergesetzt, ihre Geschichten gehört und über Widerstand gelesen. Beispielsweise diesen Satz aus einem der Flugblätter der Weißen Rose:

›Zerreißt den Mantel der Gleichgültigkeit, den Ihr um Euer Herz gelegt!‹«[13]

Natürlich hat Lina sich auch damit auseinandergesetzt, dass Sophie und Hans Scholl für ihren Widerstand ihr Leben riskiert – und gelassen haben. »Ich glaube, das hat auch beeinflusst, dass ich mich später stark in der antifaschistischen Szene engagiert habe.«

Je älter Lina wurde, je mehr sie sich über die Welt informierte, desto mehr suchte sie nach Verbündeten und Vorbildern, die Ungerechtigkeiten nicht einfach hinnahmen. Der erste Kontakt in die Welt des Aktivismus kam dann über die Tierrechtsbewegung.

Warum Tiere Rechte haben

Wie es genau kam, kann Lina heute nicht mehr erinnern. Was sie erinnern kann: Angefangen hat alles mit Dokumentationen. Ganz zu Beginn standen Filme wie *Cowspiracy* oder später *What the health* von denselben Autor:innen, und viele andere mehr. Lina geht dabei gründlich vor, schreibt Zusammenfassungen der Inhalte. Ihre Zusammenfassungen und Erkenntnisse postet sie auf Social Media und fängt an, selbst Tierrechtsaktivist:innen auf diesen Kanälen zu folgen. Einer, der ihr besonders imponiert, ist Seb Alex. Über sich selbst schreibt dieser auf seiner Webseite:

»Geboren und aufgewachsen im Libanon, zog Seb Alex nach Europa, um seine Karriere im Bereich der nachhaltigen Architektur zu verfolgen. Nachdem er ein Jahr lang für das *UNHCR*-Flüchtlingsprogramm gearbeitet hatte, ergriff er die Gelegenheit, in die Unternehmenswelt einzutreten und als internationaler Projektkoordinator für ein Architekturbüro in Barcelona zu arbeiten.

Ein Jahr später beschloss er, das Geschäftsleben hinter sich zu lassen und seine ganze Zeit der Tierrechtsarbeit zu widmen.

Derzeit konzentriert sich Seb auf die Erstellung von Inhalten für die sozialen Medien und hält Vorträge über Tierrechte, Ethik und Nachhaltigkeit an Universitäten und Schulen. Er ist auch der Gründer der Middle East Vegan Society, einer gemeinnützigen Organisation, die sich auf das Wachstum des Veganismus im Nahen Osten und in Nordafrika konzentriert, indem sie Bildungs- und Unternehmensarbeit leistet.«[14]

Bei einer Großdemonstration im »Hambi«, im Hambacher Forst, zu der Lina mit ihrem Vater anreist, wird sie später ihren Helden Seb Alex, der er damals für sie ist, persönlich treffen. Aber bis dahin ist viel passiert.

Lina hat in dieser Zeit ein Buch, das sie akribisch studiert: »Wieso? Weshalb? Vegan! Warum Tiere Rechte haben und Schnitzel schlecht für das Klima sind«, ein Kinder- und Jugendtaschenbuch aus dem Jahr 2016. Geschrieben hat das Buch Hilal Sezgin, eine türkisch-deutsche Schriftstellerin, Publizistin und Journalistin.

Die erste sichtbare Veränderung von Linas Auseinandersetzung mit unserer Art von Wirtschaft und deren Einfluss auf unser Essen und das damit verbundene Leid für Tiere und Natur ist ihr Entschluss, sich nur noch vegan zu ernähren. Lina ist 14. Die Eltern sind besorgt. Bevor sie Lina erlauben, sich ausschließlich vegan zu ernähren, muss Lina beweisen, dass sie sich nicht krank essen wird.

»Am 24. April 2017 bin vegan geworden.« Keine Sekunde muss Lina, die sonst viele Daten nachschlägt, um alles ganz korrekt zu sagen, überlegen, um den Beginn dieses Probemonats zu datieren. »Am 24. April 2017 habe ich diesen veganen Probemonat begonnen, um meinen Eltern zu zeigen, dass es gut funktioniert. Tatsächlich habe ich auch viel mit meinem Vater gekocht. Immer wenn ich bei meinem Vater war, haben wir viel vegan gebacken und ausprobiert. Ich musste zeigen, dass ich mir selbst meine Hafermilch, oder Sojamilch war das dann sogar noch, kaufen kann. Dass ich mich selbst kümmern kann. Das klappte richtig gut. Auch weil ich mich um Nahrungsergänzungsmittel, also z. B. B_{12} gekümmert habe. Dann durfte ich weitermachen.«

Und nicht nur das. Lina durfte nicht nur weitermachen. Sondern ihre Mutter schaute auch genau hin, was ihre Tochter da kochte und aß. Schon seit mehr als drei Jahrzehnten hat die Mutter aus gesundheitlichen und ethischen Gründen vegetarisch gelebt. Heute, sagt Lina, lebe sie zu 98 Prozent vegan.

Vegan essen zu können, erlebte Lina als den Anfang, endlich selbst etwas tun zu können. Bei der Ernährung alleine beließ sie es aber nicht. »Ich habe Petitionen gezeichnet und ganz akribisch in einer handschriftlichen Liste aufgeschrieben, welche das waren. Und ich hatte ein Patenschwein.« Womit wir noch mal auf »Herr Bert« zu sprechen kämen. Mit »Herr Bert« kam das Wissen über Massentierhaltungen und Tiertransporte, über Schlachthöfe und Küken-Schreddern. Und über Speziesismus.

Spe-zi-e-sis-mus, der
Anschauung, nach der der Mensch allen anderen Arten überlegen und daher berechtigt sei, deren Vertreter nach seinem Gutdünken zu behandeln.
https://www.duden.de/rechtschreibung/Speziesismus

»Später habe ich mich dann mit Speziesismus auseinandergesetzt. Also, dass man sagt, eine Spezies ist mehr wert als die andere. Wir haben Haustiere, streicheln einen Hund und essen ein Steak. Und niemand fragt, wieso das eine Tier mehr wert als das andere ist, obwohl beide Tiere sind? Das hat auf jeden Fall für mich eine Rolle gespielt. Also mein Meerschweinchen würde ich niemals essen, aber warum esse ich dann Fleisch von anderen Tieren? Ich habe dann auch angefangen, viel über die Kuhmilch- und Eierindustrie zu lernen. Was für mich schon echt schlimm ist, vielleicht sogar schlimmer als Fleischproduktion, weil die Tiere wirklich ewig lang ausgebeutet werden. Es gibt eine Doku darüber, die heißt *Dominion,* die habe ich vielen Leuten ans Herz gelegt. Schaut euch *Dominion* an!«

Dominion ist ein australischer Dokumentarfilm aus dem Jahre 2018. Der Film legt missbräuchliche Praktiken in der Haltung und Nutzung von Tieren offen. Differenziert nach Tierarten, werden verschiedene Aspekte beleuchtet – in erster Linie Ernährung, aber auch Forschung, Unterhaltung und Bekleidung. *Dominion* hat den Anspruch, die Herrschaft (engl. dominion) des Menschen über das Tierreich infrage zu stellen.
Zusammenfassung: *Dominion* schildert in 18 Kapiteln, wie unterschiedliche Tierarten auf verschiedene Weise genutzt und gebraucht werden. Die Auswahl reicht dabei von klassischen »Nutztieren« wie Schweinen, Hühnern und Rindern über Haustiere wie Hunde bis hin zu Fischen, Eisbären, Pferden und Kamelen. Die gezeigten Bilder werden untermauert durch Statistiken und wissenschaftliche Erkenntnisse. Die Aufnahmen stammen hierbei von Drohnen sowie versteckten und tragbaren Kameras.[15]

Nicht nur dieser Film, alles Wissen, das Lina zusammenträgt, hinterlässt tiefe Eindrücke bei ihr. »Dann hatte ich Vorbilder, Tierrechtsaktivisten, die das in Vollzeit gemacht haben. Die direkt in die Ställe gegangen sind und die Tiere rausgeholt, viel darüber geredet und berichtet haben.«

Kleinstadtarrest für Sticker-Kleben im Drogeriemarkt

Lina will es nicht beim Wissen-Ansammeln belassen oder bloß von zu Hause aus Petitionen unterzeichnen. Sie will selbst aktiv werden und auf die Straße gehen.

So kommt es, dass sie an Ostern das erste Mal selber an einer Demonstration teilnimmt. »Ich habe nach einer Möglichkeit gesucht, bei der ich die Tierrechts-aktivist:innen unterstützen und helfen kann, damit sich etwas ändert. Auf Facebook habe ich das *PetaZwei-Streetteam, Ortsgruppe Dortmund* gefunden und habe Kontakt aufgenommen. Wenig später war ich in Dortmund dabei. Es war superkalt an dem Tag, ich stand in der Innenstadt in der Fußgängerzone und hielt ein Schild hoch, darauf ein Foto von geschredderten Küken.«

*

Noch erlauben die Eltern Lina nicht, alleine in die nahe gelegene Großstadt Dortmund zu fahren. Bei dieser allerersten Demonstration ist deswegen ihre Schwester und deren Freundin mitgefahren. Ab und zu schauen sie bei Lina vorbei und vergewissern sich, dass es ihr gut geht.

So fängt es an. Und rasch nimmt das Demonstrieren in den unterschiedlichsten Formen Fahrt auf in Linas Leben. Da gibt es z. B. sogenannten Vigils, eine Art Mahnwache. Beispielsweise ganz früh morgens oder noch in der Nacht, wenn Tiertransporte am Schlachthof ankommen. Wenn noch kein Nahverkehr fährt, springt die Familie ein und bringt Lina an die Orte des Protestes, in der Schulzeit aber nur am Wochenende.

*

»Besonders erinnere ich mich an eine Aktion, eine Vigil. Mein bester Freund war dabei, eine andere Freundin auch. Zusammen standen wir vor Westfleisch, einer Firma in Hamm, vor dem Schlachthaus. Ich erinnere mich deswegen so gut, weil es so stark nach Tod roch. Zugleich wurde der Ort von der aufgehenden Sonne wie verzaubert. Weil alles vereist war, glitzerte und glänzte es überall, während wir vor dem Schlachthaus standen. Als die Transporter dann kamen, haben wir Aufnahmen von den Tieren gemacht und diese später über Social Media verbreitet. Die Menschen sollten sehen, dass hinter jedem Steak auf ihrem Teller ein Lebewesen steckt.«
An diesem Tag ist auch ein Foto entstanden, auf dem mein bester Freund und ich uns in den Armen liegen und wir beide sehr betroffen davon sind, dass wir gerade in diesen Transporter reingeschaut und die Tiere gesehen haben. Wir haben vor dem Schlachthaus Ohr-Tags gefunden, die Erkennungsmarke, die die Tiere im Ohr tragen.«

*

Nicht mit allen Aktionen in diesen Monaten sind die Eltern einverstanden. Erst recht nicht, als die erste Anzeige kommt. Lina erinnert sich: »Meine erste Anzeige habe ich bekommen, weil ich in Dortmund in einem Geschäft im Hauptbahnhof Sticker auf Artikel geklebt habe, auf denen steht ›Produkt aus Tierquälerei‹, z. B. auf Käse. Dabei hat mich die Security geschnappt. Auf der Polizeiwache habe ich dann ganz schrecklich geweint und mit meiner Mutter telefoniert. Dann hatte ich erst mal ›Dortmund-Verbot‹.«

Lina hat sehr lange Dortmund-Verbot, schließlich sind gerade Sommerferien.

Sechs Wochen macht sie zusammen mit ihrem besten Freund

»Chalktivism«, frei übersetzt vielleicht: Kreideaktivismus. Jedenfalls ziehen die beiden fast jeden Tag mit bunter Straßenkreide los und malen die Straßen Lünens bunt. »Milch ist für Babykühe« steht dann da. Oder aber auch einfach: »go vegan«.

Die erste Anzeige hat dann aber schon noch ein Nachspiel. Natürlich muss Lina den Käse im Drogeriemarkt kaufen, das verstand sich von selbst. Aber ihre Eltern nahmen ihr auch ein Versprechen ab: »Keine weiteren Straftaten vor dem 18. Geburtstag.« Daran hat sie sich gehalten.

»Es war ein Versuch, mich ›vor Straffälligkeit zu beschützen, solange sie noch die Verantwortung für mich tragen‹ – so hat es meine Mutter formuliert, ich finde das ein Stück weit verständlich. Denn ich hätte das sonst auch gemacht, beispielsweise Tiere aus Ställen zu befreien, wie es viele Tierrechtsaktivist:innen gemacht haben. Ich fand es immer beeindruckend und so richtig. Aber die Ansage von meinen Eltern war klar. Später, da war ich schon bei *Extinction Rebellion,* musste ich immer bei der Aufforderung der Polizei, den Platz zu räumen, gehen. Und erst als ich 18 war, konnte ich auf der Straße bleiben.«

Aus tierisch engagiert wird Rage und Blockaden bekommen Aufmerksamkeit

Zu Beginn postet Lina ihre Eindrücke und Einsichten unter dem Social-Media-Namen: *tierisch_engagiert.* Später wird sie sich *Rage,* Wut, nennen. In dieser Zeit wird sich ihr Fokus von den Tieren auch auf Bäume und die gesamte Natur erweitern. »Über den Tierrechtsaktivismus bin ich zum Klima gekommen. Wir haben in einer der Gruppen, zu denen ich im Lauf der Zeit gehörte, im *Future Circle,* angefangen, nicht mehr nur Tiere zu zeigen, sondern auch Bäume, die gefällt werden, massenweise. Rodungen, solche Dinge.« Diese Entwicklung brachte sie dann zu den *Fridays for Future* in Lünen, wo sie mitgewirkt und mit organisiert hat, Infostände beispielsweise. Und Demonstrationen natürlich.

Lina stößt aber nicht nur auf die *Fridays for Future*, sondern auch auf die aus Großbritannien stammende Gruppe *Extincition Rebellion*, was man vielleicht mit »Aufstand gegen das Aussterben« übersetzen kann. Bei einer Aktion dieser Gruppe begreift Lina überaus deutlich, welcher Protest Aufmerksamkeit bekommt. Und welcher nicht. »*Extinction Rebellion* hat in Dortmund eine Aktion durchgeführt. Freund:innen von mir haben eine Straßenblockade gemacht. Richtig viele Menschen saßen auf der Straße. Es gab große Aufmerksamkeit, Presse, richtig Impact, die Aktivist:innen haben gestört. Am gleichen Tag hatten wir mit dem *Future Circle* eine Veranstaltung.«

Lina saß eine Weile am Rand der Straßenblockade, hat sich alles angeschaut und das Bild wirken lassen. Besonders eindrücklich war, was bei ihrer eigenen Veranstaltung passierte: »Nachdem ich ein bisschen zugeschaut hatte, bin ich wieder rüber zu meiner *Future Circle*-Veranstaltung gelaufen und da war leider, wie so oft, relativ wenig los. Das habe ich seitdem oft erzählt – dass ich sehen konnte: Irgendwo auf einem für eine Demo angemeldeten Platz stehen, das kann man leicht ignorieren und einfach vorbeilaufen. Obwohl so schreckliche Dinge gezeigt werden. Aber eine Störung, ein Straßenblockade – die bekommt richtig viel Aufmerksamkeit.«

*

Von dem Zeitpunkt an hat Lina sich dann in der Ortsgruppe von *Extinction Rebellion* engagiert. In dieser Zeit kommt sie in Kontakt mit sehr unterschiedlichen Klimaschutzgruppen. In dieser Zeit passiert viel in Linas Leben. Im September 2020 wird sie volljährig, beteiligt sich kurz danach an einer Massenaktion der Gruppierung *Ende Gelände* und besetzt in den Herbstferien 2020 zwei Wochen lang im »Danni«, dem Dannenröder Forst, Bäume. Währenddessen schläft sie in einem Baumhaus. Der »Danni« ist ein Waldstück in Hessen, das für eine Autostrecke zwischen Kassel und Gießen gegen großen Widerstand Ende 2020 schließlich gerodet wird.

Komm mit nach Berlin

Im April 2021 will Lina endlich näher dran sein an vielen Aktionen und ihren Verbündeten. So zieht sie in eine WG nach Dortmund. Von dort fährt sie jeden Tag mit dem Fahrrad zehn Kilometer in ihre alte Schule. Ihre Eltern schenken ihr wasserfeste Kleidung und einen wasserfesten Schulrucksack, später auch ein Aboticket für den öffentlichen Nahverkehr. Lina ist oft unglücklich, sehnt sich danach, Vollzeit-Aktivistin zu sein. Aber bis zum Abitur im Frühjahr 2022 wird es dann doch noch eine Weile dauern.

Unterdessen macht sie bei *Extinction Rebellion* mit, besetzt Vordächer des Düsseldorfer Landtags und des Innenministeriums, blockiert Straßen in verschiedenen Städten in NRW und wird oft von der Polizei in Gewahrsam genommen. Einige Zeit verbringt Lina auch in Lützerath, dem Ort, der dem Kohletagebau weichen soll. Für Herbst 2021 ist ein großes »RiseUp«, eine Aktionswoche in Berlin geplant. Mit einigen Freund:innen führt Lina eine Mobilisierungskampagne für dieses Ereignis durch. Und erfährt dabei von dem geplanten Hungerstreik vor der Bundestagswahl.

WARUM SIND ALLE SO RUHIG?

HENNING JESCHKE

Milliarden Menschen sterben, wenn wir in eine Drei-Grad-Welt kommen, so lautet die Prognose vieler Klimaforscher:innen. Milliarden Menschen, also mehrere Tausend Millionen. Zum Vergleich: In den beiden Weltkriegen des 20. Jahrhunderts starben mehr als 70 Millionen Menschen. Aktuell sind mehr als 100 Millionen Menschen auf der Flucht.[16] Immer mehr werden fliehen müssen. Sie werden ihr Land verlassen, weil der Regen ausbleibt, Flüsse austrocknen, Dürre die Ernten vernichtet. Es ist hochwahrscheinlich, dass die Menschheit zunehmend in massiven Konflikten versinkt, in Kriegen um Wasser, um Nahrung und um noch bewohnbares Land. Der bekannte Klimaforscher Stefan Rahmstorf spricht davon, dass viele seiner Kolleg:innen befürchten, dass dies das Ende der Menschheit bedeutet.[17]

Was für eine Entwicklung, und was für eine Prognose! Und die Prognose ist seit 30 Jahren bekannt. Alle wissen eigentlich: Auf diese Szenarien geht es immer weiter zu. Zumindest ein Ölkonzern, der das in den 1970er-Jahren des 20. Jahrhunderts erforschte, hat es sehr genau mit guter Expertise vorhergesagt. Und dann sind alle diese Erkenntnisse in einer Schublade verschwunden.[18]

Dieses Wissen kreiste und kreiste in meinem Kopf. Bis zu dem Moment, als ich am Abend am Tisch meiner Eltern saß, auf den Tisch gehauen habe und immer wieder sagte: »Bitte kneift mich mal, Mann! Wahrscheinlich würde man sagen, ich radikalisiere mich gerade. Aber, Mama, Papa, ist es nicht die Wahrheit, die mich radikalisiert? Ich will mich jetzt hier nicht vertun, das ist wirklich wichtig!

Aber wenn das alles so ist, warum sind dann alle so ruhig?«

*

Henning Jeschke ist Anfang des neuen Jahrtausends geboren. Kurz nach dem Aufbruchsjahrzehnt der 1990er, in dem nach dem Fall der Mauer, nach dem Ende des Kalten Krieges eine neue, eine friedliche, eine freie, eine kooperative Welt möglich schien. Eine Welt allerdings, in der damals schon seit mehreren Jahrzehnten gewarnt wurde: vor Artensterben, Erdüberhitzung, Waldsterben, vergifteten Flüssen und, mit dem *Club of Rome*, auch davor, dass viel zu viele Ressourcen verbraucht würden.

In dieser Welt voller Möglichkeiten und bekannter, aber verdrängter Warnungen wächst Henning Jeschke in Greifswald auf. Eine lebendige Stadt mit einer Universität und vielen jungen Menschen. Einer Stadt nah an der Insel Rügen und dem Fährhafen Sassnitz/Mukran, von welcher aus man nur ein paar Stunden nach Schweden braucht.

Der Vater durfte in der DDR kein Abitur machen. Die Mutter war in alternativen, kirchlichen Kreisen zu Hause. Eltern, die Henning und seine jüngere Schwester Alma politisch und ökologisch sensibilisieren. So wie sie selbst von ihren Eltern sensibilisiert worden waren.

Alternativ von Anfang an

»Ich bin in Greifswald geboren, meine Eltern kommen beide auch aus Greifswald und die Großeltern wohnen beide sehr nah. Bei uns zu Hause wurde immer viel diskutiert. Die Familien, mit denen meine Eltern befreundet waren und mit deren Kindern im gleichen Alter ich aufwuchs, waren alle eher grün und ökologisch unterwegs. Eine aus dem Kreis war für die Grünen Landtagsabgeordnete in Mecklenburg-Vorpommern.

Wir haben als Familie viele Kanutouren gemacht und waren auch sonst sehr oft in der Natur unterwegs, immer wieder auch mit dem Freundeskreis meiner Eltern. Mein Großvater mütterlicherseits ist ein sehr bekannter Moorexperte. Er kennt fast alle Moore in Nord-, Mittel- und Osteuropa und hat viele Bücher darüber geschrieben. Seine Frau hat sich ihr ganzes Leben vegetarisch ernährt. Das war schon eine Prägung.«

*

Zu diesem besonderen Umfeld, in dem Henning Jeschke aufwächst, gehört auch eine besondere Schule. Dass Kinder gute Schulen brauchen – darauf können sich in der Regel alle Menschen, ganz gleich welcher Partei, Religion oder Klasse sie angehören, einigen. Wie wichtig Schulen tatsächlich sind, wird auch in Hennings Fall deutlich. Das Evangelische Schulzentrum Martinschule in Greifswald ist in freier Trägerschaft. 2018 bekommt sie die vielleicht größte Auszeichnung für eine Schule überhaupt, den Hauptpreis des Deutschen Schulpreises.

Die Schule arbeitet reformpädagogisch und gibt den Kindern viele unterschiedliche Möglichkeiten, Dinge zu lernen oder zu erarbeiten. Für Henning war diese Schule wie ein Hauptgewinn mit Zusatzzahl: »Ich bin sehr glücklich mit meiner Schulzeit. Ich hatte immer einen superstarken Wissensdurst, schon in der Grundschule wollte ich alles wissen. Habe gerne die Sendung *Wissen macht Ah!* geschaut und später dann jeden Tag die *Tagesschau.* Ich hatte auch Glück mit meinen Lehrer:innen. Meine Grundschullehrerin hat es geschafft, noch mal mehr in mir zu wecken.«

Auf die Bühne gehen

Wenn etwas neben der Natur, der Familie, der Schule und dem »Alles wissen wollen«-Henning geprägt hat, dann war es das Theater. Mit 15 wollte Henning noch mal etwas anderes machen, hatte das Gefühl, neue Erfahrungen zu brauchen, die er weder bei seinen sportlichen noch bei seinen musischen Aktivitäten, die es alle gab, finden konnte.

»Im Rückblick hatte ich das Gefühl, dass vieles von dem, was ich gemacht habe, nett, aber nicht wesentlich war. In der Schule kam ich gut klar, hatte keine Probleme. Aber was war der tiefere Sinn dieses Lebens? Ich beschloss, etwas Neues auszuprobieren.

In Greifswald gab es Theater-Kurse in den Kunstwerkstätten. Ich fand das spannend, traute mich aber nicht, hinzugehen. Oft stellte ich mir vor, wie es wäre, als einziger Neuer den Raum zu betreten und von allen angestarrt zu werden. Irgendwann gab ich mir einen Ruck und ging nach langem Zögern endlich hin. Wie so oft im Leben war es ganz anders und viel besser, als ich gedacht hatte. Da saßen acht Leute, es ging wuselig zu. Und zu meiner Überraschung war eine davon eine Klassenkameradin von mir. Das Theaterspielen machte mir schnell so viel Freude, dass ich schon bald darauf im Jugendklub des Stadttheaters einstieg und bei mehreren Stücken mitspielte.«

Auf einer Bühne nehmen die verschiedenen Menschen eine Rolle ein, die sie dann mit all ihnen zur Verfügung stehenden Möglichkeiten ausfüllen. Henning hält fest: »Ich bin total überzeugt vom Theater als gesellschaftlichem Ort, als Reflexions- und Diskussionsort. Als Ort, an dem wir als Gesellschaft weiterkommen. Und manchmal muss jemand den Feueralarm spielen.«

Das Theater hat es Henning ermöglicht, seine Komfortzone zu verlassen. Er ist begabt, hat große Rollen gespielt. Aber als er kurz überlegt, selbst Schauspieler zu werden, gibt es ausgerechnet von einem Kollegen am Theater heftigen Protest: Jemand mit derart guten Schulnoten soll doch besser Medizin studieren, statt für wenig Geld auf der Bühne zu stehen. Doch eine sinnstiftende Aufgabe zu finden, ist Henning deutlich wichtiger als Karriere und Reichtum. Er ist politisch interessiert, leitet als Klassensprecher einige Diskussionsrunden, engagiert sich an vielen Stellen. Was er später konkret machen will, ist ihm noch nicht klar. Das Theaterspielen begleitet ihn in sein Freiwilligenjahr nach Valencia und selbst noch in die erste Zeit des Studiums in Lüneburg.

Valencia und der schwierige Versuch, für die *Fridays for Future*-Bewegung zu werben

Nach der Schule und dem Abitur 2018 will Henning Jeschke ein Freiwilligenjahr machen. Gerne im großen Bereich der Kultur, sehr gerne bei einer großen Bühne. Letztlich entscheidet sich Henning, für den auch der Beruf als Grundschullehrer eine Option sein könnte, für etwas ganz anderes: ein Freiwilligenjahr an einer deutschen Schule – er geht nach Valencia in Spanien. Latein, Spanisch oder Schwedisch sind neben Englisch die Sprachen, die Henning an der Martinschule hätte lernen können. Weil er sich für Spanisch entschieden und das Fach auch als Leistungskurs im Abitur hatte, verfügt er über eine solide Sprachbasis.

Valencia also. In seinem Auslandsjahr wird Henning viele Erfahrungen machen. Er, der in den letzten beiden Schuljahren unter anderem auch Stufensprecher war, wird sich in seinem Willen und seiner Entschiedenheit, für andere einzutreten, treu bleiben. Als er gleich zu Beginn seines Aufenthaltes in eine gewalttätige Auseinandersetzung eines WG-Mitgliedes mit dem Freund einer Mitbewohnerin gerät, beweist er Zivilcourage. Er holt, leicht verletzt und unbemerkt von den Streitenden, die spanische Polizei und wird den Geschädigten bis zur Gerichtsverhandlung viele Monate später begleiten.

Während Henning in Valencia mit Grundschulkindern an der deutschen Schule lernt, spielt und bastelt, formieren sich in Deutschland die Schulstreikproteste der *Fridays for Future*-Proteste.

»Ich habe da sehr neidisch darauf geschaut, dass in Greifswald die Leute, mit denen ich vorher teilweise eng befreundet war und die gerade ihr Abitur machten, ganz fleißig dort die Organisation aufbauten. Sie haben Demonstrationen organisiert, die später bis zu 3000 Menschen in Greifswald auf die Straße brachten.«

An Schulstreiks war in Valencia nicht zu denken. »Ich habe Menschen aus der Schulleitung angesprochen, dass man wenigstens Filmabende außerhalb der Schulzeit anbieten sollte für die Schüler:innen. Einfach weil das Kämpfen gegen das Massenaussterben auf dem Planeten so unglaublich wichtig ist. Aber damit bin ich nur auf Granit gestoßen. Man sagte mir: ›Du musst verstehen, dass wir das nicht genehmigen können. Man weiß ja nicht, wohin das führt. Die Eltern haben eine Erwartung an uns, wenn sie ihre Kinder in diese Schule schicken.‹ Schon alleine der Name ›Klimastreik‹ sorgte für Erregung.

Trotzdem habe ich versucht, Freiwillige zu gewinnen, mit auf die Demonstrationen zu kommen. Doch nur ganz wenige sind an warmen valencianischen Tagen nicht mit den anderen an den Strand gefahren, sondern mit mir zu den Demonstrationen. Wir haben dann, immer um 18 Uhr, an der Plaza de la Virgen in

Valencia die Sprüche der Bewegung skandiert: ›Los mares se alzan nosotras tambiéen.‹ (›Die Meeresspiegel erheben sich/steigen; auch wir erheben uns!‹), oder: ›Notenemos pasta para volar a la marte.‹ (›Wir haben keine Knete, um zum Mars zu fliegen‹). Und: ›¿Qué queremos? ¡Justicia climática! ¿Cuando la queremos? ¡Ya, ya, ya!‹ (›Was wollen wir? Klimagerechtigkeit! Wann wollen wir sie? Jetzt, jetzt, jetzt!‹).

Auf Spanisch klang das natürlich besser als auf Deutsch. Aber letztlich war schon sehr enttäuschend, dass nur so wenige dabei waren. In der drittgrößten Stadt Spaniens mit knapp 800 000 Einwohner:innen, waren wir an einem Großstreiktag vielleicht 300 Menschen. Also weniger als in Greifswald, das gerade mal auf 60 000 Einwohner:innen kommt!«

In Spanien, im Jahr nach seinem Abitur, muss Henning Jeschke dann auch endgültig herausfinden, welche nächsten Schritte er gehen, in welche Richtung er sein Leben lenken will. In der Schule hat er sich zwar für vieles interessiert, Politik, Geschichte und Gesellschaft nehmen aber doch einen besonderen Platz ein. »In der neunten Klasse habe ich schon gesagt, ich will später mal im Bereich von Politik und Gesellschaft arbeiten, NGO-Arbeit fand ich damals schon interessant. Als Lehrer zu arbeiten, konnte ich mir genauso vorstellen, wie ans Theater zu gehen. Eine Zeit lang fand ich Journalismus auch spannend oder Medienarbeit.« Dass er eine Präsentation über den Putsch und den Regimewechsel in Chile 1973 vor seiner Schulklasse hält, ist kein Zufall. Henning fragt sich, was er wohl tun würde, müsste er in einem Unrechtsregime leben, wie beispielsweise der Pinochet-Diktatur in Chile.

Jetzt steht eine Entscheidung an. Henning stellt in einer Excel-Tabelle die verschiedenen Faktoren zusammen, die es zu bedenken gilt: beispielsweise die Studieninhalte der Fächer an der jeweiligen Uni, die Größe der Stadt und der Uni im Verhältnis zueinander, die Entfernung zu seiner Heimatstadt Greifswald und die Möglichkeit, vor Ort auch bei einer Jugendtheatergruppe mitzumachen. Er quält sich, manchmal zehn Stunden am Stück, mit Online-Orientierungstests und denkt viel nach. »Am Ende habe ich mich an drei Unis, in Göttingen, Leipzig, Lüneburg, für die Bereiche Soziologie und Politikwissenschaft beworben und die finale Entscheidung vertagt.

Hingezogen fühlte ich mich zur Universität in Lüneburg, der Leuphana. Dort gibt es so eine Art Studium Individuale, da kann man sich viele Studieninhalte selber zusammenstellen. Aber es werden immer nur 25 Personen pro Jahrgang aufgenommen. Ob dafür mein Abiturschnitt von 1,4 reichte, ist unklar.

Am Ende bewerbe ich mich stattdessen für Politikwissenschaft mit dem Nebenfach Nachhaltigkeitswissenschaften an der Leuphana-Universität und werde angenommen. Vor dem Studienbeginn liegt ein langer Sommer. Der vielleicht prägendste Sommer überhaupt. Voller Überlegungen und Reisen, an die Tagebaukante im Ruhrgebiet und nach Irland. Und der Entdeckung der Rebellion.«

Extinction Rebellion: Ich mache das hier ganz

»Ich war nicht mehr zurückgeflogen aus Valencia, sondern meine Eltern und meine Schwester kommen mich mit einem Auto abholen. Als wir wieder in Greifswald sind, habe ich nur ein paar Tage Zeit, bevor ich dann mit einem Freund zu einem Klimacamp in der Nähe von Garzweiler II fahre, dem *Camp for Future.* Alles war neu. Bis dahin war ich kaum in Westdeutschland gewesen.

In der Einladung hatte gestanden: ›Für Menschen, die in der Klimabewegung aktiv sind, oder solche, die es werden wollen.‹ Bis dahin dachten mein Freund, mit dem ich unterwegs war, und ich, wir würden auf andere treffen, die ebenso wie wir daran interessiert sind, erst mal irgendwie mit einzusteigen. Aber dann merkten wir, wie viele Menschen in diesem Camp über sich selbst sagten: ›Ich mache das Vollzeit.‹ Das imponierte mir und hinterließ einen bleibenden Eindruck.«

*

Henning Jeschke lernt in den vier Tagen in Buir, nahe der Kohlegrube, schnell, wie so eine zusammengewürfelte Campsituation funktioniert. Er ist fasziniert, nicht nur von den Inhalten des Camps, sondern auch von einer jungen Irin – und bleibt ein paar Tage länger. Die junge Irin ist es auch, die Henning eine ganz neue, im Sommer 2019 noch junge Bewegung vorstellt:

Extinction Rebellion (XR) heißt übersetzt: Aufstand gegen das Aussterben.
Wissenschaftler:innen sagen, die Klimakrise ist richtig ernst und kleine Schritte der Politik reichen nicht aus. Der Zusammenbruch unserer Zivilisation droht. Wir können nicht länger wegsehen oder verdrängen. Wir werden aktiv! Wir verwenden erprobte Methoden wie massenhaften zivilen Ungehorsam, die schon erfolgreich für echten Wandel gesorgt haben.
Wir sind Menschen aus unterschiedlichsten Bereichen und Altersgruppen. Wir denken nach vorn, arbeiten strategisch, selbstbestimmt und gewaltfrei. Wir schöpfen aus Erfahrung, Reflexion und regenerativen Kulturen.[19]

Aus Buir reist Henning zwar noch mal nach Greifswald, eigentlich aber nur, um alsbald seinen Rucksack für Irland zu packen. Wie es der Zufall will, wird just in diesen wenigen Tagen in Greifswald eine Informationsveranstaltung zu *Extinction Rebellion* angeboten. »Am Anfang verstehe ich gar nicht richtig, was ziviler Widerstand ist. Ich denke, okay, das bedeutet, da steht mal alles still. Für einen Tag wird mal endlich weniger CO_2 ausgestoßen und alles kann mal ein bisschen ruhen. Ich sehe noch nicht die ganze politische Dimension.

Der Inhalt des Vortrags wirft mich um. Im ersten Teil geht es darum, wie tief wir bereits in der Klimakatastrophe stecken. Ich weiß eigentlich alles schon, aber so zusammengefügt ergeben die Teile noch mal ein neues, erschütterndes Bild. Der zweite Teil dreht sich um friedlichen Ungehorsam. Da dachte ich: Wenn das 10 000 Menschen hören, dann werden Tausende mitmachen. In mir leuchtete ein Gedanke auf: Das war meine Möglichkeit, angesichts der dramatischen Situation etwas zu bewirken.«

Henning Jeschke kennt damals schon den Weltklimabericht, weiß, dass dieser eigentlich auf einer konservativen, vorsichtig agierenden Wissenschaft aufbaut. Dass man von einem Zeitfenster von zehn, zwölf Jahren ausgeht, bis die sogenannten Kipppunkte des Klimas, hinter die es kein Zurück mehr gibt, kommen. Aber zu hören, dass die Wissenschaft dabei sehr vorsichtig agiert, aus Angst davor, als alarmistisch zu gelten, das hat dann ihn alarmiert: »Ich habe beschlossen, für mich zu prüfen, ob das alles stimmt, habe zwei Wochen lang die ganze Zeit über gelesen. Noch spannender als die wissenschaftlichen Hintergründe finde ich die Schlussfolgerungen der Bewegung – zu sagen: ›Wir setzen uns auf die Straße und wir gehen erst weg, wenn ihr als Politiker:innen mal was macht‹, hat mich fasziniert. Dass man sagt: ›Das ist eine Notsituation‹ – um dann Forderungen zu stellen.«

Henning Jeschke versteht, dass es nicht reicht zu sagen: »Dafür sind andere verantwortlich, ich schieb es auf sie, auf die Politik.« Schon eine Woche später hält er seinen ersten eigenen Vortrag, gründet eine Ortsgruppe von *Extinction Rebellion*. Unterstützend kommen Menschen aus Rostock, die schon zwei Monate zuvor eine Gruppe gebildet haben. »Ein Freund und ich organisieren einen kleinen Raum, im Vorraum einer alten Bäckerei. Zehn Menschen können auf den drei Sofas eng sitzen. Es kommen 32! Sie stehen über- und neben- und hintereinander, liegen auf dem Boden quer, um uns irgendwie noch zu hören. Danach haben wir über 30 Leute, weil alle ihren Namen in eine E-Mail-Liste eintragen. Was für ein Erfolg!«

Ein bisschen berauscht davon, folgt »ein blinder Liebestaumel der ersten lustigen Aktionen«, wie Henning es rückblickend formuliert. Dazu gehören sogenannte *die-ins* in der Fußgängerzone in Greifswald. Bei *die-ins* stellt man sich selbst tot und informiert später mit Plakaten über die drohende Klimakatastrophe. Die Gruppe bleibt dabei so lange liegen, bis jemand fragt: »Was macht ihr denn da?« Um dann aufzuspringen und Sätze zu rufen wie: »Wir müssen hier rebellieren gegen das Aussterben, denn wir rasen gerade in Artensterben und Klimaerhitzung.« Oder »Aufstehen fürs Klima«, oder irgendetwas spontan Ausgedachtes.

In den folgenden zehn Tagen schaut Henning auf dem YouTube-Kanal von *Extinction Rebellion* Großbritannien wirklich sehr viele Videos. Abend für Abend verfolgt er, was die Mitgründer:innen Clare Farrell, Roger Hallam, Gail Bradbrook und die Menschen, die *Extinction Rebellion* auch in Deutschland gegründet haben, zu sagen haben. »Es ist wichtig, nicht nur die ganzen Aktionen mitzubekommen, sondern vor allem so viele Anleitungen, was man selbst machen kann. Das haben, glaube ich, immer noch viele nicht verstanden, das ist richtig gut, das ist Graswurzelarbeit, Anleitungswerk. Nur dadurch kann es gelingen, dass ganz viele Leute, die nicht wissen, wie sie sich politisch organisieren sollen, loslegen können.«

Erst einmal reist Henning Jeschke in ein winziges Dörfchen, nach Cloughjordan, irgendwo im Nirgendwo in der Mitte Irlands, um die irische Freundin zu besuchen. »Ab und zu fährt ein Zug von Dublin dorthin. Bei Cloughjordan gibt es ein ecovillage, ein Ökodorf, mit vier- oder fünfhundert Menschen. Wir haben wenig Zeit für das Miteinander und das zauberhafte ecovillage, denn ich komme in den vollen Vorbereitungsstress einer international geplanten Aktion von *Extinction Rebellion.* Ab dem 7. Oktober soll es losgehen in Paris, Brüssel, Berlin, London, Madrid, Dublin, New York, Sydney und so weiter.«

Henning Jeschke gerät unvermutet in das Auge des Zyklons. Er ist in Dublin, während des *Fridays for Future*-Großstreiks mit 30 000 Menschen, Menschenmassen, die er so noch nie gesehen hat. Er erlebt große Reden und ist an vielen Aktionen beteiligt. Henning erlebt seine ersten Aktionstrainings: Wie verhält man sich im Umgang mit der Polizei, was ist ein Legal Observer, also eine explizite Rolle des nur Zeuge-Seins; lernt: Wann kommt welche Polizei und welche Rechte hat man bei einer Verhaftung. »Singend üben wir in Rollenspielen, sitzen eingehakt, während die anderen Polizei spielen und uns forttragen. Dann wechseln wir die Rollen und tragen die anderen davon.«

Henning ist im Kern der zehn, fünfzehn Menschen gelandet, die *Extinction Rebellion* Irland ausmachen. Und er gerät in ein Dilemma. Genau zu der Zeit, in der die »International Rebellion« europaweit in der ersten Oktoberwoche 2019 stattfinden soll, hat Henning seine Einführungsveranstaltungen in der Erstsemesterwoche in Lüneburg. Und jetzt?

Die Uhr tickt, die Klima-Kipppunkte sind da, egal ob man studiert. Oder nicht.

Es ist die Mutter der irischen Freundin, die laut ausspricht, was Henning innerlich zerreißt: »Ich glaube, du willst gar nicht zu dieser Uniwoche, eigentlich willst du nach Berlin mit *Extinction Rebellion* fahren.« Heftige innere Kämpfe, halb gare Kompromisse, viele Ängste und noch mehr Gespräche später macht Henning Jeschke eine interessante Erfahrung: Er ist gar nicht der einzige unter den Studienanfänger:innen, die nach Berlin wollen. Im Gegenteil. Henning nutzt die paar Tage an der Uni in Lüneburg, bevor die Aktionen in Berlin anfangen, um möglichst viele Verbündete zu gewinnen. Später fahren mehr als 60 Menschen aus Lüneburg, darunter eine ganze Reihe sogenannter Erstis, nach Berlin. Seine Bezugsgruppe nennt sich »Lüneburger Landgurken«.

Trotz dieser überraschenden Erfahrung bleibt der Zielkonflikt vom ersten Tag des Studiums eine innere Zerrissenheit: Kann, darf, will er seine Zeit mit Studieren verbringen, während unerbittlich die Uhr tickt und wir uns den Klima-Kipppunkten nähern? Eine Katastrophe, die unumkehrbar ist, wenn die Schwellen erreicht sind und das Eis erst geschmolzen ist. Eine große Frage.

Eine sehr große Frage.

Deren Antwort lässt sich einstweilen noch ein kleines bisschen herauszögern. In der Nacht, schon in Berlin und in Vorbereitung auf die große Aktion vor der Siegessäule, wählt Henning im Zelt via Mobiltelefon die Module für das erste Semester. Am nächsten Morgen geht es los: »Als wir ankommen, sind schon zweihundert Leute oder mehr auf dem großen Stern, gerade beginnt es sich zu füllen. Es kommen immer mehr, Menschen aus ganz Deutschland, Norwegen, Schweden und vielen anderen Ländern. Plötzlich sind wir etwa 1200 Menschen auf dem großen Stern. Das ist toll, einfach riesig. Ich schlafe die erste Nacht unter einer Wärmerettungsdecke, die immer droht wegzufliegen, auf dem Asphalt, auf der Straße am großen Stern in Berlin.

Am übernächsten Tag blockieren wir die Mühlendammbrücke, ein Nadelöhr im Berufsverkehr. Als Aktionsbeobachter kann ich alles ganz genau sehen. Kann beobachten, wie 200, 400, 600 Menschen kommen. Wie die Polizei die Straße schnell räumt. Die andere Blockade parallel auf der Marschallbrücke dauert länger, hält zwei Tage.«

Henning Jeschke denkt viel über die Aktionen, die Erfolge und auch die Nichterfolge von *Extinction Rebellion* nach. Beobachtet, wie überrascht die Menschen von der Größe der Demonstrationen der *Fridays for Future*-Bewegung und den Aktionen von *Extinction Rebellion* sind. Vor allem aber: dass alles einfach verpufft. Fast so, als wäre nichts gewesen. »Das ist wirklich heftig und hart anzusehen, dass schon nach einer Woche bei vielen die Luft raus ist. Es gibt einfach keinen Plan für nach der Aktion, im Sinne von ›Okay, wir haben mit fünf-, sechstausend Menschen richtig aufgerüttelt … Aber was kommt jetzt?‹ Nach so einem Anstoß muss der nächste Schritt kommen.«

Der Entscheidungsprozess, studiere ich jetzt oder habe ich dafür keine Zeit mehr, hat sicher schon vor Studienbeginn begonnen. Und Henning macht sich auch vorher schon nichts aus einer klassischen, bürgerlichen Karriere. Diese Diskussionen und Anwürfe kennt er, seitdem er das zweitbeste Abitur seines Jahrgangs geschrieben hat, aber nicht, wie einige erwarten, Medizin studieren möchte. Was ihn viel mehr beschäftigt, ist die Tatsache, dass die Nachhaltigkeitsideen und -projekte, die er an der Leuphana studieren will, auf eine gesellschaftliche Transformation von über zwei Jahrzehnten ausgelegt sind. Aber ist dafür noch genug Zeit?

Immer häufiger schleicht sich der Gedanke ein, »dass es unabwendbar eine Art von disruptiver Veränderung braucht, um überhaupt da anzukommen, wo wir hinkommen müssen. Vor allem wegen der wenigen Zeit, die nur noch bleibt.«

Einstweilen macht Henning in seiner Zeit in Lüneburg beides: Er studiert einerseits Politik- und Nachhaltigkeitswissenschaft und organisiert andererseits Aktionen. Mit seiner Ortsgruppe von *Extinction Rebellion* färbt er die Ilmenau, den kleinen Fluss Lüneburgs, grün, inszeniert ein *die-in* beim Besuch von Olaf Scholz in der Leuphana und protestiert im Weihnachtsmannkostüm dagegen, dass der Coca-Cola-Konzern in Lüneburg einen neuen Brunnen bohren und tiefes Grundwasser für ein Vielfaches des Leitungswasserpreises weiterverkaufen will.

Er wendet sich aber auch gegen die Universität selbst und besprüht das zentrale Unigebäude mit Farbe. Der Hintergrund: Die Leuphana hat, wenn die Informationen der Kritiker:innen stimmen, einen hohen Millionenbetrag bei der Landesbank Nord LB angelegt. Diese aber wiederum investiert, so bemängeln es Umweltschützer:innen, auch bei an fossiler Energie Beteiligten, beispielsweise in Gaspiplines. Schon einige Jahre vorher haben Studierende auf die aus ihrer Sicht latent vorhandene Doppelmoral zwischen einer Universität, die einerseits die Nachhaltigkeit hochhält, aber andererseits auch Geld in fossiler Energie anlegt, aufmerksam gemacht, die Uni mit einer Petition zum Handeln aufgefordert. Nur ist eben in all den Jahren nichts passiert.

Gleichzeitig wachsen Hennings Zweifel, ob *Extinction Rebellion* in Deutschland wirklich wie erhofft vorankommen wird. Er stellt sich mehrere Fragen: »Werden wir mit dem, was wir vorhaben, der dramatischen Situation gerecht? Läuft uns nicht die

Zeit davon, um endlich politische Maßnahmen gegen den Klimanotfall zu erreichen? Haben wir die Klarheit, konsequent zu stören, den Alltag zu unterbrechen und Verhaftungen herauszufordern, um in den politischen Diskurs zu kommen? Dabei wäre das aus seiner Sicht genau die Chance, die wir hätten.

Die Zweifel sitzen auch mit im Hörsaal. Henning beschäftigt sich mit Modulen wie »Wissenschaft trägt Verantwortung« und Untermodulen wie »Kann Demokratie Zukunft?«.

Während er von neuen, großen Aktionen in Berlin träumt, legt die Corona-Pandemie erst einmal die Welt und alle Proteste lahm. Während alle zu Hause sitzen und beginnen, die Welt aus der Perspektive von Videokonferenzkacheln wahrzunehmen, liest Henning das Buch von Mark und Paul Engler *This is an Uprising*, darüber, wie das 21. Jahrhundert von gewaltfreien Revolten geprägt wird. Er beginnt sich mit Bürgerrechtsbewegungen, der Autobiografie Gandhis und sozialen Bewegungen zu beschäftigen.

Die Wende bringen dann die Wochen im Lockdown, die Henning zusammen mit einem Freund in einem Bauwagen der Familie an der Ostseeküste verlebt. »Hierhin haben wir uns zurückgezogen. Ich habe mir viel Material für das Studium ausgedruckt und mitgenommen. Jeden Tag nutzten wir unsere Hände und legten dort, wo vorher Brombeeren wild wucherten, einen Kartoffelacker an. Irgendwann kann ich nicht mehr die Studiensachen lesen, sondern begann, mich damit auseinanderzusetzen, wie wir mit den Aktionen weitermachen können. Bei *Extinction Rebellion* gab es – so mein Eindruck – auch bundesweit, eine Plan- und auch Ratlosigkeit.

Während der Wochen im Bauwagen-Lockdown reift die Entscheidung. Ich telefonierte mit meiner Mutter und sagte: Es fühlt sich für mich falsch an, weiter zu studieren. Ich will mich voll und ganz der Organisation des Widerstands gegen den

Klima-Wahnsinn widmen. Ich verspreche dir: Dabei werde ich meine psychische Gesundheit an erste Stelle stellen.

Denn es ist viel schwieriger und ungesünder, nicht auf seine Überzeugung zu hören, im Hörsaal zu sitzen und die ganze Zeit zu denken: Ist zwar interessant, aber was tut es gerade zur Sache? Das macht einen doch fertig. Denn wenn ich woanders mehr tun kann – muss ich das dann nicht machen?«

Nach dieser Entscheidung ist Henning wie befreit. Endlich kann er alle Energie in das stecken, was in ihm und um ihn herum brennt: die Frage, wie man die notwendige politische Kraft aufbaut, um die weitere Überhitzung zu stoppen. Oder wenigstens einzudämmen.

Wie verändern wir die Welt wirklich?

Es folgte ein weiterer Dürresommer, weitere Grübeleien und weitere kleinere Aktionen in Lüneburg, Hamburg und auch die Besetzung eines Kohlebaggers in Garzweiler II. Eine Aktion mit viel Kunstblut, 90 000 Zuschauer:innen im Facebook-Livestream und der Gewahrsamsnahme Jeschkes durch die Polizei. »Ich habe mir in der Praxis alle Akteure angeschaut, Erfahrungen gesammelt und versucht, meine Schlüsse zu ziehen. Mein Schluss ist, dass ich die Überlegungen, die *Extinction Rebellion* zugrunde liegen, die verwurzelt sind mit der Theorie des zivilen Ungehorsams, auf die Bühne bringen will. Dass ich mit dem bewussten In-Kauf-Nehmen der Konsequenzen, die symbolisch im Kleinen geschehen, auf das Große verweisen will: Hier bin ich, stehe mit Namen und Gesicht und weise auf etwas Größeres hin.«

In dieser Zeit studiert Henning praktisch die Welt der Aktionen. Und theoretisch die Welt der Bewegungen. Er liest *Inside Occupy* von David Graeber. Beschäftigt sich mit der linkspopulistischen, spanischen Partei »Podemos«. Schaut Filme wie *Freedom Riders, The Childrens March* und *Suffragette – Taten statt Worte.*

In dieser Zeit, in der Henning darauf brennt, das große Problem im großen Stil anzupacken, wird ihm die Klimabewegung in Deutschland zur Enttäuschung. Im Februar 2021 ist er einer von sechs Vertreter:innen von *Extinction Rebellion,* die an einer Online-Strategiekonferenz mit insgesamt etwa 200 Menschen aus 60 Klima-Gruppen teilnehmen. Unter anderem sind neben *Extinction Rebellion* Leute von *Fridays for Future* und *Ende Gelände* mit dabei. Nach seinem Eindruck haben viele unterschiedliche Vorstellungen und Visionen. Die Bundestagswahl steht 2021 ins Haus. Von manchen hört Henning, dass sie alles tun wollen, damit die Grünen die Wahl gewinnen, und nichts tun wollen, was die Grünen vielleicht unbeliebt machen könnte. Andere beschreiben Utopien in der weiten Zukunft. Henning möchte weder die Grünen schonen noch jetzt, im Klimanotstand, über Utopien nachdenken. Müsste nicht an allen Abendessen in jedem Haushalt der Republik der bevorstehende gesellschaftliche Zusammenbruch auf den Tisch? Immer mehr fragt er sich: Warum sind selbst wir alle so ruhig? Wir, Hunderte informierte Menschen auf dieser Konferenz, die das alles wissen *und* denen es nicht egal ist?

Bewegungsforschung: Was ist Henne, was ist Ei?

Erst mal weiter beobachten und weiter nachdenken. Vor allem über die Frage von Henne und Ei. Wie schafft man eine große Bewegung, wie gewinnt man viele Menschen? Kommt dabei zuerst eine Mobilisierung, damit dadurch viele teilnehmende Aktionen sichtbar werden? Oder braucht es erst eine polarisierende Aktion, die die Menschen Brisanz und Relevanz verstehen lässt und in der Folge eine große Mobilisierung mit sich bringt? Diese Frage beschäftigt Henning monatelang.

Eine Zeit, in der er weiterliest. Sehr intensiv beispielsweise »From dictatorship to democracy« von Gene Sharp und »Protest« von Srđa Popović. Henning beschäftigt sich mit dessen Bewegung Otpor, die maßgeblich am Sturz des Diktators Slobodan Milošević im Jahr 2000 beteiligt war. Popovic berät heute mit seiner Organisation CANVAS – Center for Applied Non-Violent Actions and Strategies – Oppositionsbewegungen in der ganzen Welt, u. a. die Männer und Frauen des Arabischen Frühlings 2011 in Ägypten. Beschäftigt hat sich Henning Jeschke aber auch mit der Chenoweth-Studie.

Die 2011 veröffentlichte Studie »Warum ziviler Widerstand funktioniert« der US-Amerikanerinnen Erica Chenoweth und Maria J. Stephan zeigt, dass gewaltfreie Aufstände in betrachteten 323 Konflikten im Zeitraum 1900 bis 2006 weltweit fast doppelt so wirksam waren wie gewaltsame Methoden.

Gründe und Bedingungen für den Erfolg ziviler im Vergleich zu gewaltsamen Kampagnen sind demnach:

1. Die Fähigkeit, die Massen zu mobilisieren
2. Eine geringere Isolierbarkeit der beteiligten Personen
3. Kreative und häufige Methodenwechsel[20]

Die Studie der amerikanischen Politikwissenschaftlerinnen Erica Chenoweth und Maria Stephan ist für Henning ein Glücksfall: »Anders als noch bei den Bürgerrechtlern und z. B. Martin Luther King blicken wir heute auf 30 Jahre Forschung zu sozialen Bewegungen. Erika Chenoweth und Maria Stephan haben über 300 Bewegungen von 1900 bis 2006 untersucht und festgehalten: Welche hatten Erfolg, welche hatten Misserfolg, welche waren gewaltsam, welche waren gewaltfrei?«

Spätestens jetzt ist sich Henning sicher: »Es ist absolut klar, dass man gewinnen kann. Die Frage ist nur: Wie erhöhe ich die Wahrscheinlichkeit?« Klar wird ihm auch: »Ich bin bereit, wenn es nötig ist. Ich muss das machen. Alles, was ich kann, werde ich machen.«

Henning Jeschke bezieht sich, wenn es um die Frage geht, wie viele Menschen eigentlich gewonnen werden müssen, um wirklich substanzielle Veränderungen zu erreichen auf dieselbe Wissenschaftlerin: »Erica Chenoweth hat in ihrer Forschung gezeigt, dass das Subziel für eine Mobilisierung 3,5 Prozent der Bevölkerung eines Landes ist, um einen Systemwandel zu erreichen. Mit ihrer Forschung weist sie nach, dass es in jedem Fall, in dem eine Bewegung 3,5 Prozent der lokalen Bevölkerung mobilisieren konnte, geklappt hat. Manchmal schon deutlich früher, bei ein, zwei Prozent. Wobei Mobilisierung bedeutet, dass sich 3,5 Prozent aller Menschen über einen Zeitraum mehrerer Monate, also nicht nur kurzfristig an einem Tag, in einer Bewegung in irgendeiner Form engagieren. Egal, ob sie anderen Aktivist:innen, die nach der Festnahme aus der Polizeistation kommen, Tee reichen oder sich selber auf die Straße kleben.« Henning weiß: »Es gibt auch Kritik an dieser Zahl, denn es ist natürlich eine starke Vereinfachung. Dennoch, auf Deutschland übertragen sprechen wir von ungefähr 2,8 Millionen Menschen.«

2,8 Millionen Menschen in Deutschland. Wie, bitte, bekommt man die mobilisiert?

Hungerstreik im Wahlkampf

Diese Frage, wie man, bitte schön, so viele Menschen mobilisieren kann, hat Henning Jeschke keine Ruhe gelassen. Er hatte unterdessen viel über *Extinction Rebellion* nachgedacht. Was er vermisste, ist Klarheit. Klare Entscheidungsstrukturen und vielleicht mehr noch: eine klare Strategie. Ihm fehlen ein Plan und ein Mobilisierungskonzept. Am besten eines, durch das ein Momentum aufkommt, auf das sich dann aufbauen lässt.

Henning versucht diese Dinge innerhalb der Organisation, in der er nach wie vor aktiv ist, anzuregen. Aber gleichzeitig setzen ihm seine Erfahrungen und seine Beobachtungen zu. Vor allem die, wiederholt mit ansehen zu müssen, dass sich zwar immer wieder viele engagierte Menschen für kleine oder große Aktionen mobilisieren ließen. Nur um dann, wenn alle Aufmerksamkeit mit dem Ende der Aktion verpuffte, wieder in ihren Alltag zurückzukehren. Oft genug frustriert oder gar ausgebrannt, wenden sie sich wieder Schule, Beruf oder Studium zu, mit dem Gefühl, nichts ändern zu können. Manchmal kehren sie auch allem ganz den Rücken und suchen ihr Glück auf Ökohöfen, suchen einen Weg, nach dem gefühlten Scheitern wenigstens im eigenen Leben zurechtzukommen, wenigstens die eigene kleine Welt zum Besseren zu verändern.

Von all dem hat Henning genug. Er sucht nach einem neuen Weg. Für den er gezielt Menschen anspricht, die er über die verschiedenen Gruppen und Bewegungen kennengelernt hat und um deren Entschiedenheit er weiß. Gemeinsam diskutieren sie verschiedene Wege, neue Strukturen zu schaffen. Im Ringen um Henne und Ei war unterdessen klar: erst die Aktion. Aber dann? Wie nimmt man aus der Aufmerksamkeit für eine Aktion den Schwung mit in die nächste, größere Aktion? Wie nutzt man das Momentum so, dass die Bewegung von Aktion zu Aktion immer größer wird, wie ein Schneeball, der auf dem Weg ins Tal wächst und wächst.

Gemeinsam suchen sie einen neuen Namen, nennen sich aus dem Wissen darum, dass wir alle die letzte Generation sind, die es noch ändern könnte, *Letzte Generation.*

Sie suchen das Momentum, gerade weil Wahlkampf ist. Suchen nach anderen Protestformen. Stoßen auf Menschen, die ihren eigenen Körper als Protestmittel einsetzen. Informieren sich überaus gründlich, bereiten sich akribisch vor.

Sind bereit. Zum Äußersten bereit. Und beginnen im Berliner Regierungsviertel einen Hungerstreik, vier Wochen vor der Bundestagswahl 2021.

DAS LEBEN RISKIEREN II

Hungerstreik, der
Verweigerung der Nahrungsaufnahme als Mittel zur Durchsetzung bestimmter [politischer o. ä.] Forderungen
https://www.duden.de/rechtschreibung/Hungerstreik

Der Hungerstreik der *Letzten Generation* in den vier Wochen vor der Bundestagswahl im September 2021 ist im Wikipedia-Artikel zum Thema *Hungerstreik* der vorerst letzte Eintrag. Der Eintrag davor ist genau 40 Jahre älter und macht deutlich, wie gefährlich dieses Protestmittel des politischen Widerstands ist. »Beim irischen Hungerstreik von 1981 starben zehn Häftlinge, Mitglieder der Provisional Irish Republican Army (IRA) und der Irish National Liberation Army.«

Wer, wann, warum in seiner Verzweiflung keinen anderen Ausweg sah und zum Mittel des Hungerstreiks griff, wer fürs Hungerstreiken, zumindest posthum, gefeiert und wer geächtet wird, zeigen die vielen Namen durch die Geschichte, von Mahatma Gandhi bis zur Roten Armee Fraktion (RAF). Wobei der Hungerstreik der RAF *das* Menetekel für die *Letzte Generation* schlechthin ist: So durfte es auf keinen Fall ablaufen. Auf keinen Fall soll ein Gruppendruck entstehen, der Mitglieder zwingt, etwas zu tun, was sie nicht wollen. Teil einer Gruppe zu sein und trotzdem individuelle Entscheidungen zu treffen, das war die Maxime. Aber der Reihe nach.

Wann die Idee zu einem Hungerstreik zum ersten Mal auftauchte, kann Henning Jeschke nicht mehr genau sagen. Aber irgendwann spukte die Idee immer häufiger durch seinen Kopf.

Vielleicht machte die Aktion »Earth fast« von *Extinction Rebellion* den Anfang, ein Aufruf für einen weltweiten Hungerstreik gegen den Klima- und Umweltkollaps 2021.

Nach und nach setzte sich die Idee fest. Zumal es, beispielsweise mit Martha Krumpeck, einer Molekularbiologin aus Wien, plötzlich auch aktuelle Vorbilder gibt – und das sogar in Verbindung mit dem Klimathema. Noch einmal ging es um die Frage »Henne oder Ei?«, erst viele Menschen gewinnen, um miteinander zu hungern – oder erst hungern und dadurch viele Menschen gewinnen? Eine schwierige Entscheidung, erinnert sich Henning: »Am Anfang war das eine große Frage. Müssen wir nicht mindestens 50 Leute sein, hungern wir sonst nicht umsonst?« Mit der Zeit fand Henning seine Position in dieser Frage. »Ihm wurde klar: Ich tue das, weil ich glaube, dass es richtig ist. Es bleibt selbst dann richtig, wenn kein anderer es wahrnimmt. Beziehungsweise sogar, wenn sich niemand mit mir hinsetzt und mithungert. Oder sogar, wenn ich damit am Ende nichts erreiche.« Was natürlich nicht heißt, dass Henning Jeschke nichts erreichen wollte, im Gegenteil.

Irgendwann kursiert im Kreis der Klimaaktivist:innen die Idee, sich im Vorfeld des Bundestagswahlkampfes eines Hungerstreiks als Mittel des politischen Widerstands zu bedienen. Bald erfährt auch Lina Eichler von der Idee. Sofort weiß sie: Das ist meins.

»Mit Freund:innen saß ich in Dortmund am Kanal, direkt um die Ecke meiner Wohnung. Das Wetter war schön. Wir hockten zusammen auf einer Decke und besprachen die nächsten Aktionen, die wir planten. Eine Freundin war ein paar Tage vorher in Berlin gewesen, dort hatte sie erfahren, dass ein paar Leute einen Hungerstreik machen wollen. Für mich war eigentlich direkt klar, dass ich da mitmachen muss. Ich habe gedacht: Das ist stärker als das *Rise Up* mit *Extinction Rebellion,* für das wir damals auf Mobilisierungstour in verschiedenen Städten in NRW unterwegs waren. Klar, das *Rise Up* bringt sicher auch etwas, weil es Menschen aufrüttelt. Aber dann ist es doch wieder so, dass man eine Woche in Berlin Straßen und öffentliche Bauwerke blockiert, aufs Brandenburger Tor klettert, protestiert und am Ende so gut wie nichts bleibt, wenn alle wieder nach Hause fahren und weiter studieren oder zur Schule gehen.

Hungerstreik ist ein letztes Mittel, um wirklich auf etwas aufmerksam zu machen. Mir war klar, das kann wirklich etwas werden, damit können wir wirklich etwas erreichen.«

*

In den kommenden Wochen finden sich tatsächlich einige zusammen, die durch einen Hungerstreik auf die Dringlichkeit des Problems hinweisen wollen. Die ihr Leben in die Waagschale werfen, damit endlich, endlich deutlich wird, dass unser aller Leben auf dem Spiel steht.

Die jungen Erwachsenen informieren sich gründlich. Lassen sich medizinisch aufklären, beraten und vorbereiten darauf, was mit ihnen passieren wird. Sie lesen auch den folgenden Eintrag auf Wikipedia:

Hungerstoffwechsel

Durch den Nahrungsmangel stellt sich der Stoffwechsel im Verlauf mehrerer Tage auf Katabolismus um. Der Grundumsatz wird gesenkt und der Stoffwechsel verlangsamt sich. Der Körper muss bei Nahrungsentzug die notwendige Energie zum Erhalt wichtiger Körperfunktionen aus seinen Energiespeichern gewinnen. Zur Deckung des Energiebedarfs wird auf Energievorräte in Form von Kohlenhydraten (z. B. Glykogen), Proteinen (z. B. Muskulatur) und später auch Fetten

(z. B. subkutanes Fettgewebe) zurückgegriffen. Der Blutzuckerspiegel sinkt auf etwa 80 mg/dl, die Glukagonwerte steigen an, der Insulinspiegel fällt ab. Je nach Zusammensetzung der Nahrung bei einer verminderten Nahrungsaufnahme kann ein Mangel an essenziellen Aminosäuren, Lipiden, Vitaminen und Spurenelementen auftreten.

Während einer verminderten Nahrungsaufnahme kommt es zu einer gewissen Anpassung an den Nährstoffmangel. Diesen Vorgang nennt man Hungeradaption. Der Stoffwechselumsatz wird bei einer verminderten Nahrungsaufnahme gedrosselt. Herzfrequenz, Blutdruck und Körpertemperatur sinken; ein extremes Beispiel ist der Winterschlaf bei Tieren. Die Nebenniere schüttet das Stresshormon Adrenalin aus. Der Glukoseverbrauch des Gehirns verringert sich auf 30 Prozent des Ausgangswertes, d. h. von 140 Gramm pro Tag auf circa 40 Gramm pro Tag. Der restliche Energiebedarf des Gehirns wird durch Ketonkörper gedeckt. Langfristig kann der Nahrungsmangel zu Mangelerkrankungen und schließlich zum Tode führen.

Neben der medizinischen, ist die mentale Vorbereitung wichtig. Die Gruppe spricht mit Ärzt:innen und berät sich mit Menschen, die schon Erfahrung mit einem Hungerstreik haben, wie eben z. B. Martha Krumpeck. Theoretisch ist klar, dass alle eine Grenzerfahrung machen werden, dass alle ihre physische und psychische Gesundheit riskieren. Theoretisch ist auch klar, dass Hungern in einer Gruppe heftige Dynamiken auslösen kann, bis dahin, dass die Gruppe zerbrechen kann. Was so viel Theorie aber dann wirklich bedeutet, weiß man immer erst später, in der Praxis.

Die Vorbereitungen für den Hungerstreik sind aufwendig. Erst recht, weil nur eine Woche, bevor der Hungerstreik beginnen wird, eigentlich alle Kräfte für das große *Rise up* in Berlin gebraucht werden. Weil der Hungerstreik aber parallel zur letzten Phase des Bundestagswahlkampfes stattfinden soll, muss es so ablaufen. Und irgendwie gelingt es auch: Im Regierungsviertel wird eine Rasenfläche als Ort für das Camp zum Hungerstreik angefragt und mit Auflagen genehmigt. Da unter der Fläche Wasserrohre liegen, dürfen die Zelte z. B. nur mit Sandsäcken befestigt werden. Ein Netz von Solidarität wird um die Hungerstreikenden gewoben: Menschen stellen ihre Wohnungen zum Duschen zur Verfügung, Ärzt:innen begleiten die Streikenden, es gibt Support für Medienarbeit und für vieles andere mehr.

Dann ist es so weit. Die sieben Hungerstreikenden schlagen ihre Zelte im Regierungsviertel auf und veröffentlichen ihre Forderungen:

Erklärung zum Hungerstreik der letzten Generation

An diesem Tage, dem 30. August 2021, beginnen wir einen unbefristeten Hungerstreik. Wir sind jung, aber wir sind bereit, unser Leben zu riskieren.

Wir schätzen das Leben und wir wollen nicht sterben. Aber unser Planet befindet sich in einer kritischen Lage.

Unser Klima erhitzt sich und unsere Ökosysteme zerbrechen. Korruption und Machtkonzentration in den Händen weniger rauben uns jede Hoffnung auf Wandel. Mit dem Ausverkauf unserer Zukunft wird jede Minute Profit gemacht.

In diesem Moment geht es um Leben und Tod für die junge Generation.

Liebe Mitmenschen, hört uns bitte an!

Wir sind die letzte Generation, die noch handlungsfähig ist. Es gibt nur diesen einen Planeten zum Überleben.

Wir sind die Kinder dieser Gesellschaft.

Die Regierung sollte sich an die Verfassung halten und unser Recht auf Leben schützen.
Aber seit Jahrzehnten blicken wir weiter steigenden Emissionen ins Auge. Dieses System beraubt uns einer Zukunft und so viele andere einer Gegenwart. Es muss sich etwas ändern.
Obwohl wir zu jung sind, um ans Sterben zu denken, sind wir bereit, unser Leben zu riskieren und keine Nahrung mehr aufzunehmen. Wir müssen das tun. Die Geschichte schaut uns in diesem Moment über die Schulter. Wir antworten darauf, es ist unsere moralische Pflicht in diesen Zeiten.
Denn die größte aller Pflichten – das Leben zu schützen – wird von so vielen mit Füßen getreten. Dem stellen wir uns entgegen. Das Recht auf Leben sollte das grundlegendste Recht sein. Ein heiliges Menschenrecht, das mit der Geburt verliehen wird. Heute müssen wir es mit unserer Gesundheit erstreiten.
Wir fordern von allen Menschen in Deutschland – allen Eltern, allen Großeltern, jedem Prominenten, allen Studierenden, allen Lehrer*innen und allen Angestellten, allen Professor*innen, allen Banker*innen, allen Ingenieur*innen, allen Regierungsbeamt*innen, allen Polizist*innen und allen Richter*innen und allen anderen –, dass sie ihre Hand auf ihr Herz legen und sich fragen:
Wollen wir wirklich so weitermachen? Das unermessliche Leid des Klimazusammenbruchs weiter verstärken und unsere Kinder in Kriege und Hungersnöte schicken?
Wir werden seit Jahren nicht gehört.
Wir wurden auf dem Papier, mit Petitionen und Briefen, nicht gehört.
Wir wurden nicht gehört, als wir zu Zehntausenden die Klassenzimmer verließen und auf die Straße gingen. Wir wurden nicht gehört, als wir friedlichen Ungehorsam leisteten und uns dem Ablauf des Wahnsinns entgegenstellten.
Wann werden wir gehört?

Was sollen wir tun?

Wir wenden uns auch an diejenigen, die sich um uns Sorgen machen, an unsere Eltern, Großeltern und Geschwister:

Richtet eure Wut und euer Mitleid nicht auf uns, sondern auf die Verantwortlichen und das kaputte System, welche uns in diese Lage gebracht haben. Das Leben eurer Kinder ist nicht durch diesen Hungerstreik gefährdet, sondern durch den Status quo. Wenn ihr uns in Sicherheit sehen wollt, schließt euch unserem Anliegen an. Wir haben nur den einen Wunsch, dass das Leben in Zukunft weitergeht. Richten wir unsere Energie auf die Veränderung.

Der Kampf gegen das Klimaverbrechen ist keine Aufgabe für einige wenige, sie braucht alle. Alle Länder, alle Menschen, die gerade handlungsfähig sind. Es ist die wohl schwierigste und die entscheidende Aufgabe der Menschheitsgeschichte. Wir können in zwei Richtungen weitergehen. Gehen wir den Weg des Massenaussterbens oder ergreifen wir die Chance für einen gerechten Systemwandel? Noch haben wir die Wahl.

Wir treten in den Hungerstreik:

1. **Weil wir uns in einem lebensbedrohlichen Klimanotfall befinden, der täglich befeuert wird;**
2. **weil alle großen Parteien darin versagen, uns zu beschützen. Ihre Pläne zu Reformen sind realitätsfremd und verfassungswidrig;**
3. **weil eigentlich alle Lösungen auf dem Tisch liegen, aber milliardenstarke Wirtschaftsinteressen den Wandel blockieren.**

Wir adressieren diesen Hungerstreik an die Kanzlerkandidat*innen:

Sehr geehrte Frau Baerbock, sehr geehrter Herr Scholz, sehr geehrter Herr Laschet,

sieben Menschen treten heute in den unbefristeten Hungerstreik. Unsere Gesundheit liegt in Ihren Händen. Reden wir endlich ehrlich.

Wir fordern:

1. Ein sofortiges Gespräch mit Ihnen, den drei Kanzlerkandidat*innen Herrn Laschet, Herrn Scholz und Frau Baerbock, über den Mord an der jungen Generation.
2. Das Versprechen von Ihnen, in einer neuen Regierung direkt einen Bürger*innenrat einzuberufen. In diesem sollten Sofortmaßnahmen gegen die Klimakrise, unter anderem eine 100 % regenerative Landwirtschaft, besprochen werden.

Wir beenden den Hungerstreik, wenn unsere Forderungen erfüllt sind.

Unser Leben liegt wortwörtlich in Ihren Händen.[21]

Aufmerksamkeit. Die einzige Währung, die zählt

Erst langsam, dann immer schneller geht der Plan auf. Erst berichten lokale Medien, z. B. der *RBB*. Als diese Berichte immer öfter gepostet und auf Twitter retweetet werden, werden nach und nach immer mehr regionale und überregionale Medien aufmerksam. Je länger der Hungerstreik andauert, desto mehr Beobachtende sorgen sich um die jungen Menschen.

Diese haben kommen sehen, dass man sich um sie als Person sorgen wird. Wie sollte es auch anders sein? Sie werfen sich ja in die Waagschale des medialen Aufmerksamkeitsroulettes. Weil die Hungerstreikenden das haben kommen sehen, wollen sie die konkreten Sorgen um ihre Person umlenken. Solange sie physisch dazu in der Lage sind, stehen sie deswegen mit ihren Bannern und Plakaten auf den Bürgersteigen im Regierungsviertel, erklären sich und ihr Anliegen wieder und wieder. So, wie sie es gleich zu Beginn in ihrer Erklärung schon getan haben:

»Richtet eure Wut und euer Mitleid nicht auf uns, sondern auf die Verantwortlichen und das kaputte System, welche uns in diese Lage gebracht haben. Das Leben eurer Kinder ist nicht durch diesen Hungerstreik gefährdet, sondern durch den Status quo. Wenn ihr uns in Sicherheit sehen wollt, schließt euch unserem Anliegen an. Wir haben nur den einen Wunsch, dass das Leben in Zukunft weitergeht. Richten wir unsere Energie auf die Veränderung.«

Erwartbar stößt die Aktion im Land auf ein sehr geteiltes und immer größeres Echo. Unterdessen müssen die Hungerstreikenden mit den Reaktionen ihrer Körper zurechtkommen. Im Camp steht ein Essenszelt für die Unterstützer:innen abseits, um die Hungernden nicht mit Essensgerüchen zu quälen. »Ich hatte mein Zelt vier Meter weiter weg auf der Wiese, aber über die Distanz roch ich das Essen«, erinnert sich Henning Jeschke. Aus seiner Vorbereitung weiß er: »Schon nach drei, vier Tagen Hungern wird der Geruchssinn richtig stark. In der Zeit bin ich noch mal mit dem Fahrrad nach Hause gefahren, um etwas zu holen. Es war beeindruckend, in welcher Entfernung ich wie intensiv Essen roch, bei jeder Bäckerei aufs Neue.« Während eine gesteigerte Aktivität des Geruchssinns noch als spannende Erfahrung betrachtet werden kann, nimmt die physische und psychische Gesundheit der Streikenden schnell ab. Am zehnten Tag wird der erste Streikende ohnmächtig.

Am Tag zuvor, dem 7. September 2021, klingelt am frühen Abend das Telefon im Camp. Schnell scharen sich alle um das Handy. Annalena Baerbock, Kanzlerkandidatin der Grünen, ruft an. »Zehn Minuten hat das Gespräch gedauert«, weiß Henning und erzählt davon, als sei der Anruf gerade eben gewesen. »Natürlich wollten wir alle jedes Wort mitbekommen. Annalena Baerbock sagte meiner Erinnerung nach, dass sie uns verstehe. Sie habe auch zwei Kinder und sei voller Sorge. Und sie habe den

Willen zur Veränderung. Jugendliche müssten nicht mehr solche Zukunftsangst haben, weil jetzt politisch gehandelt werde.« Wichtiger als das, was sie sagt, ist aber für Henning, was sie nicht sagt. Er stellt rückblickend fest: »Die Grünen wagen keinen Ausstieg aus der Wachstumsideologie. Sie gehen aus meiner Sicht in ihren eigenen Plänen und Berechnungen nicht weit genug.« Annalena Baerbock bittet die jungen Erwachsenen jedenfalls, den Hungerstreik zu beenden. Da in ihren Augen ein Telefonat kein öffentliches Gespräch ersetzen kann, lehnt die Gruppe ab.

Neben mehr medialer Aufmerksamkeit und mehr Reaktionen aus der Politik gibt es im Camp noch ein drittes Mehr. Mehr Stress. Mehr Streitgespräche, mehr Konflikte. Streit um Formulierungen.

Dabei kämpft jede und jeder auch einen Kampf mit sich selbst. Mit den Reaktionen von Familie und Freund:innen und mit den eigenen Ängsten. Lina Eichler hatte schon Angst, bevor es überhaupt losging. »Ich dachte, dass ich vielleicht beim Hungerstreik sterbe, dass das jedenfalls nicht unwahrscheinlich ist.« Dazu kommt der körperliche Stress, der Hungern bedeutet. Dem Stress begegnet Lina unter anderem damit, dass sie im Camp Tagebuch schreibt. Am 30. August 2021 notiert sie diese Gedanken:

Heute ist ein wichtiger Tag. Heute treten wir in den unbefristeten Hungerstreik. Zuletzt habe ich gestern Abend gegessen und ich merke jetzt, dass ich schon ziemlich hungrig bin. Wir beginnen unser Camp aufzubauen, im Spreebogenpark in Berlin. Es regnet, das schlägt ziemlich auf meine Stimmung. Ich beginne schon jetzt viel darüber nachzudenken, warum wir das eigentlich tun. Wir sind mit einer kurzen Mahnwache vor den Bundestag gezogen. Kurz davor war die Stimmung sehr aufgeladen. Viele waren mit diesem ersten Tag nicht zufrieden, aber wir wussten, dass es so kommen würde. In einem langen Plenum am Abend koordinieren wir uns grob, kommen dabei in Diskussionen. Was mich mehr stört, ist mein Hungergefühl. Ich bin traurig und nachdenklich. Ein Spaziergang mit einem Mithungernden hat mir Kraft gegeben, genauso wie viele Nachrichten von meinen Freund:innen.

Gerade weil Lina die Möglichkeit, dass sie an diesem Hungerstreik sterben kann, so kristallklar bewusst ist, durchziehen Zweifel ihr Tagebuch. Am zweiten Tag schreibt sie: »In einem Moment glaube ich an die ganze Sache, wenig später möchte ich einfach nur nach Hause. Nach Hause nach Dortmund, mein Leben leben, essen. Aber das kann ich nicht, ich kann nicht aufhören, nicht an so einem wichtigen Punkt. Nicht, wenn so viel in unseren Händen liegt.«

Lina Eichler ist 18 Jahre alt, als sie den Hungerstreik beginnt. Im Camp hat sie Geburtstag. Sie will leben. Das ist klar. Aber sie will auch alles tun, will jede noch so kleine Möglichkeit nutzen, um in der Zukunft auch ein Leben zu *haben*. Und zwar nicht nur für sich selbst. An Tag 10 notiert sie: »Mir ist klar geworden: Ich mache das alles hier nicht für mich, ich mache das für so viele Menschen. Für meine Familie, meine Schwester, meinen Bruder, meine Freund:innen. Für alle Menschen dieser Erde.«

So jung Lina ist, so viel hat sie schon versucht. Sie hat demonstriert und ist auf Vordächer von Ministerien geklettert, hat Mahnwachen gehalten und riesige Aktionen mit vorbereitet. Was muss man tun, damit endlich, endlich von den verantwortlichen Politiker:innen gehandelt wird? Einstweilen beschließt sie, weiter zu hungern. Und weiter nervige Diskussionen auszuhalten.

Diskutiert wird auch über die Mittel, die die Gruppe wählt. Unter anderem gibt es die Überlegung, in einer Zeitung eine Art Fake-Todesanzeige zum Tod aller Jugend und Zukunft zu schalten. Diese seien, ob der politischen Ignoranz, leider verhungert. Letztlich wird die Idee begraben als ein komischer, schlechter, makabrer Gag, der zudem viel Geld kosten würde.

Gehört wird die Gruppe dann auch ohne Todesanzeige. Viele Menschen ziehen im Hintergrund an vielen Fäden.

Einer von ihnen ist Jörg Alt. Nachdem dieser angeboten hatte, die jungen Leute mit seinen Erfahrungen zu unterstützen, und nach der ersten Kontaktaufnahme von Henning am 5. September waren neun Tage vergangen. Neun Tage, in denen Jörg Alt all sein Geschick darauf verwandte und all seine Kontakte genutzt hatte, um eine *gemeinsame* Stellungnahme der drei Kanzlerkandidat:innen zu bekommen, trifft am 14. September endlich eine Antwort in seinem E-Mail-Postfach ein:

Sehr geehrter Herr Dr. Alt,
haben Sie vielen Dank für Ihr Vermittlungsangebot und Ihren Einsatz für die jungen Menschen. Wir wären Ihnen dankbar, wenn Sie Lea Bonasera, Hannah Lübbert, Henning Jeschke und den anderen Aktivist*innen folgende Botschaft übermitteln könnten:
Frau Baerbock, Herr Laschet und Herr Scholz sind bereit – einzeln, persönlich und nicht öffentlich – nach der Wahl ein Gespräch mit Ihnen zu führen. Die Voraussetzung dafür ist, dass Sie Ihre Protestaktion in dieser Form beenden.
Trotz unterschiedlicher politischer Positionen stimmen Frau Baerbock, Herr Laschet und Herr Scholz darin überein, dass sie diese Art des Protests nicht angemessen finden. Sie bringen sich selbst damit in Gefahr und motivieren womöglich auch andere junge Menschen zum Nachahmen. Die drei appellieren daher an Sie, zu einer anderen Form der politischen Auseinandersetzung zu finden. Es ist wichtig, dass Sie Ihr Leben schützen. Die Gesellschaft braucht Ihr Engagement.

Jörg Alt ist froh über diese Reaktion. Darüber dass die Hungerstreikenden, mitten in der Hochphase des Wahlkampfes, wahrgenommen werden.

Aber es ist auch klar, dass einzelne, nicht öffentliche Gespräche – und diese auch erst nach der Wahl – den Hungerstreikenden nicht genügen können. Für sie ist das Angebot das Gegenteil dessen, was sie fordern. Ein Gespräch unter Ausschluss der Öffentlichkeit ist schlicht undenkbar für sie.

Unterdessen reagieren immer mehr Menschen und Institutionen. Auch und gerade aus dem Umweltbereich. Der Tenor ist immer derselbe: Das Anliegen der Hungerstreikenden wird geteilt, das Mittel nicht. Ausführlich begleitet das Online-Magazin *Der Klimareporter,* das von einem gemeinnützigen Verein getragen wird, den Hungerstreik. Am 18. September schreibt das Magazin: »Auch bei den Umweltverbänden steigt jetzt offenbar die Sorge, dass die sechs Aktivist:innen, die sich seit Montag im verschärften Klima-Hungerstreik befinden, bleibende Schäden für Leib und Leben davontragen. Zugleich äußern die Verbandsspitzen volles Verständnis für die von den jungen Leuten geäußerten Zukunftssorgen.

Ebenso wie die Aktivistengruppe betonte Kai Niebert, Präsident des Umweltdachverbands Deutscher Naturschutzring *(DNR),* dass die nächste Legislaturperiode darüber entscheide, ob sich die Klimakrise auf ein erträgliches Maß begrenzen lässt.

Auch reichten die bisherigen Maßnahmen zur Bekämpfung der Klimakrise nicht aus, so Niebert in seiner Erklärung:

»Die Situation ist dramatisch und die Zeit für konsequentes Handeln – sie ist jetzt.« Deshalb müsse die neue Regierung den Klimaschutz ins Zentrum ihrer Arbeit stellen, forderte Niebert. Dafür lohne es sich zu kämpfen – und zu leben, betonte der DNR-Präsident.

Zwar teile er ausdrücklich die Sorgen der Hungerstreikenden um konsequenten Klimaschutz und verstehe ihre Hilflosigkeit angesichts der systematischen Zerstörung der Lebensgrundlagen. »Dennoch sehe ich es als falschen Weg an, Gesundheit und Leben aufs Spiel zu setzen. Für den Weg in die Klimaneutralität brauchen wir jede und jeden – gesund, lebendig und mit viel Kraft«, erklärte Niebert.

Auch *Greenpeace*-Geschäftsführer Martin Kaiser appellierte in einem längeren Twitter-Statement an die Aktivist:innen, ihr Leben nicht weiter zu gefährden. Er ermutigte sie, sich zu erholen und zu stärken, um ihre Kraft und ihre Entschlossenheit für eine Klimawende einzusetzen.

»Wir teilen das Anliegen der Protestierenden um ihre Zukunft – aber wir appellieren an sie, aus Sorge um ihre Gesundheit und ihr Wohlergehen, diese Zukunft und ihr junges Leben nicht aufs Spiel zu setzen.«[22]

Eltern, die krank vor Sorge sind

Wenn schon die Verbände reagieren und sich um das Wohl (und das Überleben) der Hungerstreikenden sorgen, wie soll es da nur den Eltern der Beteiligten gehen? Das fragen sich nicht nur die, die einfach nur Eltern oder Großeltern sind und Anteil nehmen, wie die *Parents for Future Germany.* Am 11. September schreiben diese: »Sieben junge Menschen sind bewusst in einen Hungerstreik getreten – sie leiden, um ihr Leid auszudrücken. Und so furchtbar wir es finden, was diese jungen Menschen sich in ihrer Verzweiflung antun – wir können ihre Beweggründe nachempfinden und bedauern zutiefst, dass ihre Zukunft trotz all unserer Möglichkeiten zur Bewältigung der Klimakrise noch immer unklar ist. Wir hoffen, dass diese Protestform keine Nachahmer*innen findet und dass dieser Hungerstreik sehr bald ein gutes Ende finden kann. Wir brauchen jede* n Einzelnen so gesund und kraftvoll wie möglich, um sich auch die nächsten Jahre weiter für die Zukunft unserer Kinder und Enkelkinder auf diesem Planeten einsetzen zu können.«[23]

Die Frage, wie es den Eltern geht, wird auch in vielen Redaktionen gestellt. Lokale und regionale Medien fragen Eltern, die in ihrem Bereich wohnen, und überregional wird berichtet von *RTL* bis zum *Geomagazin*. Einige Eltern der Hungerstreikenden stellen sich aber selbst vor die Presse. Mit Sprachnachrichten, in Videos oder als Person stehen sie da und unterstützen ihre Kinder. Die Eltern von Lina Eichler haben ein Solidaritäts-Video geschickt, der Vater von Henning Jeschke lässt sich noch am 26. Tag des Hungerstreiks vom *Tagesspiegel* interviewen:

Lieber Herr Pscheidl-Jeschke, fühlt es sich nicht total krass an, dem eigenen Sohn beim Hungern zuzuschauen?

Das ist ein falsches Bild. Ich gucke ihm nicht beim Hungern zu, sondern ich unterstütze ihn.

… beim Hungern?

Nein, ich unterstütze ihn bei seinem Protest und er hat nun mal diese extreme Form gewählt. Was er kommunizieren will, ist, dass wir uns kurz vor einer Klimakatastrophe befinden, die viel Hunger bringen wird. Seine Befürchtungen sind wissenschaftlich gedeckt und mir steht es gar nicht zu, zu bewerten, ob das nun gut oder schlecht ist, was er da tut. Ich bin extrem besorgt, aber ich habe die Unterstützung an meinen Sohn nie an Bedingungen geknüpft. Ich bin sein Vater und deshalb bei ihm.[24]

Aufhören oder weitermachen? Aufhören!

Hungern, informieren, Interviews geben, Familie und Freund:innen beruhigen, Wahlkampfaktionen stören, diskutieren, streiten, um den richtigen Weg ringen, weiterhungern. Die Menschen im Camp verlangen sich und ihren Körpern Höchstleistungen unter maximalem physischen Stress ab. Die Gedanken und Gefühle fahren Achterbahn und Zweifel sind immer an Bord. Auch die Frage: »Weitermachen? Oder doch lieber aufhören und anders fürs Klima weitermachen?« Am 7. September notiert Lina Eichler in ihr Tagebuch:

Heute befinde ich mich im Tag 9 unseres unbefristeten Hungerstreiks. Es ist superschwer zu realisieren, was wir hier gerade machen, und es ist schwer, darüber nachzudenken, was in Zukunft noch passieren wird. Wie wird sich das alles noch entwickeln und wie entwickelt sich meine Gesundheit? Ich möchte nicht sterben, ich möchte keine großen Schäden davontragen. Aber wird das so klappen? Das ist ein ganz dünner Draht. In den letzten Tagen versetzte ich mich viel zu oft in mein altes Leben zurück. Schaue mir Fotos an, wünsche mir Unbeschwertheit, ja mein altes Leben zurück. Ich wünsche mir zu leben, nicht zu leiden. Wann wird das wieder so weit sein? Heute habe ich genau 5 kg verloren seit Beginn des Hungerstreiks.

Mit jedem Tag weiter hungern, mit jedem Kilo weniger spitzen sich die inneren Konflikte zu. Am 8. September schreibt Lina:

Ich habe Angst vor dem, was kommt. Ich habe vor jedem weiteren Tag Angst. Habe das Gefühl, wenn ich wieder esse, wird alles leichter sein. Wird es das?

Ich liebe die Menschen hier, sie durchleben mit mir die krasseste Phase meines Lebens. Sie geben mir Kraft, sie leiden mit mir. Wir leiden zusammen und sind dankbar. Jeden Tag werden wir von

Solidarität überschüttet. Menschen danken uns: »Danke, das ist jetzt das Richtige, genau das brauchen wir.« Ja das ist ein krasses Mittel, aber es ist notwendig.

Es ist ein Auf und Ab der Emotionen. Am 17. September notiert Lina:

Es passiert einfach nichts, wir werden weiter ignoriert. Ich bin so unfassbar fertig. Dann noch mit Papa geredet, der hat geweint. Wir sind hier auf der Veranstaltung von Olaf Scholz und ich glaube, ich erfriere. Mir geht es einfach nicht gut. Wie wird das alles werden?

Aber dann übernimmt Linas Körper die Regie, am 18. September ist es für Lina vorbei. Sie bricht zusammen, kommt ins Krankenhaus. Auf dem Gang der Charité liegend, schreibt sie:

Aus dem Krankenhaus: Irgendwie fühle ich ganz viel zugleich. Im Camp habe ich mich zuletzt sehr schwach gefühlt. Mein Brustkorb kribbelte. Ich sah zwischendurch verschwommen. Plötzlich wurde mir dunkel vor Augen, ich hatte keine Körperspannung mehr; lehnte mich zu Henning rüber, merkte, dass mir schwarz vor Augen wird, mein Körper sackte zusammen. Das Kribbeln wurde weniger, aber dann lag ich da. Ich musste fast weinen. Der Krankenwagen wurde gerufen. Ich hatte wohl zu wenig getrunken.

Jetzt liege ich in der Notaufnahme, kann nicht realisieren, dass es jetzt vorbei ist. Mein Körper hat ein Ende gesetzt, bevor ich es konnte.

*

Jetzt bin ich seit 4 Stunden in der Notaufnahme. Meine Infusionen sind seit Stunden leer, ich habe noch nichts getrunken. Es würde noch dauern, meinte die Krankenschwester zu mir. Ich habe gerade noch mal gefragt und kann wohl jetzt doch gehen, ohne Arzt? Ich warte mal weiter.

Ich bin raus. Ich habe geduscht, etwas gegessen. Alles schmeckt so krass. Ich fühle so viel.

Lina wird mit einer Sackkarre von jemandem aus dem Unterstützendenkreis aus dem Krankenhaus abgeholt. Für einen Moment ist Lina Eichler von Zweifeln befreit. Heute sind sie wieder da. Sie glaubt, dass es falsch war, den Hungerstreik abzubrechen. Heute zweifelt sie wieder: »Eigentlich hätte ich vielleicht schon auch noch weiter an meine Grenzen gehen müssen. Sollen. Können. Vielleicht. Vielleicht schon, ich weiß es nicht.«

Lina Eichler bedauert, dass die Gruppe der Hungerstreikenden später durch verschiedene Konflikte auseinandergefallen ist: »Es ist so schade, dass wir da gemeinsam reingegangen sind, aber nicht als Gruppe rausgekommen sind.«

Aufhören oder weitermachen? Weitermachen!

Die Frage, aufhören oder weitermachen, beschäftigt alle im Camp. Je schwächer die Hungernden werden, desto größer sind natürlich auch die eigenen Sorgen und die Sorgen umeinander. Ab der zweiten Woche werden Hungerstreikende ohnmächtig, so früh hat die Gruppe das nicht erwartet. Henning ist zufällig gerade in Reichweite, als Lina ohnmächtig wird: »Lina bricht zusammen und ich bin gerade nicht weit weg und fange sie gerade noch auf. Die gerufenen Rettungskräfte bringen einen Stuhl und fahren sie über den Rasen zum Wagen, laden Lina ein. Die Tür hinter ihr knallt so laut zu, wie eine Tür nur knallen kann. Ich stehe da, schaue dem Rettungswagen nach und hoffe inständig, dass mit Lina alles gut gehen wird.«

Nach und nach beenden die meisten den Hungerstreik, nur

Henning macht weiter. Nun beginnt auch Lea Bonasera einen Hungerstreik. In den vergangenen Wochen war sie Teil des Kreises, der die nächsten Schritte überlegte und vorbereitete. Schon von Beginn an haben verschiedene Menschen aus Solidarität mitgehungert und das innerhalb und außerhalb des Camps. Einige sind auch jetzt noch mit dabei. Ihre Forderungen hat die Hungerstreik-Gruppe im Laufe der Zeit fokussiert. Der anfänglich geforderte geloste Bürger:innenrat rückt in den Hintergrund. Stattdessen nennt die Gruppe den Kanzlerkandidat:innen einen neuen Termin, an dem man sich ihr Erscheinen wünscht, eine Pressekonferenz im Camp, drei Tage später. Die beiden verbliebenen Hungerstreikenden, Lea und Henning, beschließen, dass der Termin auch stattfinden soll, wenn die Kandidat:innen nicht kommen. Dann eben mit leeren Stühlen, auf denen Eisblöcke liegen. Als es so weit ist, schmelzen und tropfen drei Eisblöcke, stellvertretend für die drei Kandidat:innen, langsam auf die Wiese.

*

Unterdessen verstärken auch die Menschen im größeren Unterstützerfeld ihre Bemühungen. Jörg Alt, selbst preisgekrönter Wissenschaftler in Migrationssoziologie, arbeitet im Hintergrund. Er verfügt nicht nur über Kontakte zu Politiker:innen, sondern auch zur Wissenschaft. Es gelingt ihm, Hans Joachim Schellnhuber für einen Offenen Brief zu gewinnen.

Mit diesem Brief bekommt die Gruppe von einem der wichtigsten Klimaexpert:innen weltweit schriftlich, dass sie mit all ihren Feststellungen zur Klimakrise, den Kipppunkten und dem extremen kurzen Zeitfenster richtigliegen. Schellnhuber hat das Potsdam-Institut für Klimafolgenforschung *(PIK)* geleitet und zu einem der weltweit angesehensten Institute im Bereich der

Klimaforschung gemacht, war Vorsitzender des Wissenschaftlichen Beirats der Bundesregierung Globale Umweltveränderungen *(WBGU)* und ist seit vielen Jahren Mitglied im Weltklimarat *(IPCC).*

Offener Brief vom 22. September 2021

Liebe junge Menschen im Klimahungerstreik!

Ihr habt euch von mir ein öffentliches Statement zu eurer Aktion gewünscht, und ich denke, dass ich euch das auch schulde.

Denn ihr beruft euch auf die wissenschaftlichen Einsichten zu den existenziellen Risiken der gegenwärtigen Erderwärmung. Letztere wird zweifellos von unserem Wirtschaften mit fossilen Energieträgern verursacht. Zu diesen Einsichten habe ich in den letzten Jahrzehnten mit Veröffentlichungen beigetragen, und ich habe mich bemüht, die wichtigsten Forschungsergebnisse Entscheidungsträgern und Laien mitzuteilen und zu erklären.

Dass ihr alarmiert seid, ist nur folgerichtig – ich bin selbst in größter Sorge um die Zukunft unserer Zivilisation. Denn schon die aktuelle Erhöhung der mittleren Oberflächentemperatur unseres Planeten um 1,2 °C seit Beginn der Industriellen Revolution hat schwerwiegende Folgen, zu denen insbesondere die Zunahme und Verschärfung von Extremwetterlagen zählt. Bei Fortsetzung der gegenwärtigen Klimapolitiken weltweit wird sich die Erde noch in diesem Jahrhundert um knapp 3 °C erwärmen, was zur langfristigen Destabilisierung essenzieller Teilsysteme der globalen Umwelt (»Kippelemente«) führen dürfte. Und es bleibt ein weitgehend unerforschtes, aber leider plausibles Restrisiko, dass sich der menschengemachte Klimawandel durch nichtlineare Prozesse selbst verstärkt und dadurch die Menschheit endgültig aus dem Umwelt-Paradies des Holozäns vertrieben wird.

Dieses Risiko mag klein sein, aber würden wir unsere Kinder in einen

Schulbus schubsen, dem mit 5 %-Wahrscheinlichkeit ein tödlicher Unfall vorhergesagt worden wäre?

Es geht also um das Überleben bzw. künftige Leben von vielen Millionen Mitmenschen und von vielen Milliarden Mitgeschöpfen. Deshalb ist nachvollziehbar, vielleicht sogar verhältnismäßig, dass ihr mit dem Hunger- bzw. Durststreik die Gefährdung eures eigenen Lebens in die Waagschale werft, um den notwendigen Politikwechsel zu bewirken. Wer euch deshalb »Erpressung« oder dergleichen vorwirft, verkennt, dass dieses Streikmittel in der Geschichte oftmals erfolgreich eingesetzt wurde.

Bezeichnenderweise verehrt unsere Gesellschaft die beteiligten Helden am liebsten dann, wenn sie schon lange tot sind (wie Mahatma Gandhi) oder sich in weiter Ferne befinden (wie Alexei Nawalny).

Ich könnte mir sogar vorstellen, eines Tages, wenn alle realpolitischen demokratischen Mittel ausgeschöpft sind und erkennbar nicht die notwendige Klimaschutzleistung erbringen, mich selbst an einem Klimahungerstreik zu beteiligen. Falls ich dann die Kraft aufbringen sollte, denn der Idealismus der Jugend wird mit fortschreitendem Alter von erfahrungsgeprägtem Zynismus geschmälert.

Aber dieser Tag, wo man sich für das Wohlergehen der Gemeinschaft selbst Gewalt antun möchte, ist noch nicht gekommen – auch nicht für euch! Und dieser Tag wird hoffentlich nie anbrechen.

Denn noch steht uns eine Fülle von gesellschaftlichen Einflussmöglichkeiten zur Verfügung, bei denen niemand zwingend sein Leben für die Bewahrung der Schöpfung gefährden muss. Vermutlich werden sich nach der Bundestagswahl am 26. September 2021 sogar größere Spielräume für eine deutsche Klimapolitik eröffnen, die der dramatischen Lage eher gerecht wird. Dabei können direkte Begegnungen zwischen maßgeblichen Entscheidungsträgern und Aktivist:innen entscheidende Impulse geben – etwa zu dem von euch vorgeschlagenen Bürger:innenrat. Ihr werdet also nicht nur in dieser Woche, sondern auch in den nächsten Jahren dringend gebraucht.

Aber ganz grundsätzlich ist mir jedes Leben wichtig – das von den vielen, die noch gar nicht geboren sind, und das von euch wenigen, die in ihrer Verzweiflung zu verzweifelten Mitteln greifen. Deshalb bitte ich euch, den Streik sofort abzubrechen! Das Zeichen, das ihr gesetzt habt, ist ohnehin schon auf der ganzen Welt wahrgenommen worden. Ich biete an, so bald wie möglich Treffen mit führenden Klimawissenschaftlern zu organisieren, wo ihr euren Standpunkt vorbringen und überprüfen könnt. Und ich biete an, mein Netzwerk von Kontakten zu nutzen, damit ihr mit Persönlichkeiten sprecht, die zu überzeugen sich wirklich lohnt. Dafür braucht es ein paar Monate Zeit, die wir nach der weitgehenden politischen Untätigkeit der letzten drei Jahrzehnte auch noch aufbringen sollten.

Schließlich will ich euch noch einen Gedanken mitgeben, der euch die Beendigung der Aktion möglicherweise erleichtert: Neben der Arroganz der Macht und der Arroganz des Wissens gibt es auch eine Arroganz des selbst auferlegten Martyriums. Wir müssen aber alle Arten von Arroganz ablegen, wenn wir die Welt noch gemeinsam retten wollen.

In tiefem Respekt,
Hans Joachim Schellnhuber

»Der offene Brief war natürlich eindrucksstark. Er sagte ja, wir haben in unserer Problembeschreibung recht. Das ist das Wichtigste, was uns aus der Wissenschaft beigestanden wird. Dass die Wissenschaft bestätigt, ja, wir steuern gerade auf die letzten Meter zu«, sagt Henning Jeschke heute.

Damals hungerten Lea Bonasera und Henning weiter. Mit jedem weiteren Hungertag stiegen die Sorgen um die beiden. Am

26. Tag des Hungerstreiks, dem 24. September, hatten viele Initiativgruppen zusammen mit *Fridays for Future* zum achten internationalen Klimastreik aufgerufen. Greta Thunberg kam zwei Tage vor der Bundestagswahl nach Berlin, die Polizei zählte in der Stadt 50 000, die Organisation 100 000 Demonstrierende.

Lea und Henning hungern immer noch. Unterdessen lautet ihre Forderung, dass es seitens von Olaf Scholz eine Gesprächszusage gibt, bevor sie den Hungerstreik beenden. Mit dem Mann, der für sich mit dem Slogan »Klimakanzler« wirbt und den die beiden für den nächsten Kanzler halten.

Viele Menschen rufen in diesen Tagen in den politischen Büros an, fragen nach, bitten, den Forderungen der Menschen im Hungerstreik Gehör zu schenken, verleihen ihrer Sorge um die jungen Leute Ausdruck. Viele wenden sich deswegen auch an die Büros von Olaf Scholz; Jörg Alt ist einer von ihnen.

Von Nürnberg aus verfolgt er das Geschehen in Berlin. Manchmal telefoniert er mit Henning Jeschke, jedes Mal empfindet er ihn als schwächer, jedes Mal werden seine Sorgen größer.

Am Samstag, den 25. September, es ist für Henning der 27. Tag des Hungerstreiks, für Lea der 6. – und einen Tag vor der Bundestagswahl, verschärfen die beiden ihren Streik, hören auch auf zu trinken und beginnen einen sogenannten trockenen Hungerstreik.

Elf Kilo hat Henning schon an Gewicht verloren. Alle 30 Minuten werden jetzt von einer Ärztin seine Vitalfunktionen überprüft. Ein Mensch kann mehrere Wochen ohne feste Nahrung auskommen, doch nur sehr kurze Zeit ohne Flüssigkeit überleben. Wie bei seinen Eltern und so vielen anderen wächst die Angst von Jörg Alt um das Leben von Henning Jeschke an diesem Samstag von Stunde zu Stunde.

Die Lebensgefahr wächst mit.

»Gegen Mittag …«, sagt Jörg Alt, »habe ich an diesem Tag gemerkt, jetzt wird es kritisch, jetzt wird es lebensbedrohlich. Ich habe verstanden, dass Henning wirklich sterben wird, dass er es bis zum Ende durchzieht, wenn Olaf Scholz nicht auf seinen Wunsch nach einem Gespräch reagiert. An dem Punkt habe ich noch mal meine Kontakte angerufen. Gefragt: ›Weiß Olaf Scholz, dass Henning Jeschke sterben wird? Und dass er wegen ihm sterben wird, wenn da jetzt nicht sofort etwas passiert?‹ Die Menschen in der Politik waren irgendwie immer noch relativ gelassen, so habe ich es empfunden. Ich hatte den Eindruck, sie waren überzeugt, dass der Hungerstreik mit dem Ende des Wahlkampfes um Mitternacht enden würde.«

»Nein, nein, nein, so wird es nicht kommen«, erklärt Jörg Alt wieder und wieder und löst Betroffenheit aus. Seine Gesprächspartner:innen sind Menschen mit Herzen in der Brust.

Während sich jede Menge Leute um das Leben von Henning Jeschke sorgen, stellt sich die Frage, wie sehr dieser sich eigentlich um sich selbst sorgt. Oder ist er längst halb komatös geworden, kann sich gar nicht mehr groß sorgen?

Im Rückblick sagt Henning zu seiner Situation im Camp: »An meinen täglichen Videos habe ich gemerkt, dass ich langsamer spreche, dass ich wie ein abgemagerter Kranker aussah. Aber mein Wille, weiterzumachen, war ungebrochen.«

Henning lässt seine physische Kondition schon seit vielen Tagen engmaschig medizinisch überwachen. Irgendwann bekommt er zu allem Übel einen Hautausschlag. Aber solange er sich warm einpacken kann und etwas zu trinken hat, fühlt er sich gut.

Nun, trinken kann ihm an diesem Samstag aber keine Erleichterung mehr bringen. Nach Fruchtsäften und Vitaminen hat er auch das Trinken eingestellt.

Alle halbe Stunde wird ihm jetzt der Puls gemessen. Seine Cousine, eine Ärztin, untersucht auch regelmäßig seine Gelenke auf Ödeme, auf Wassereinlagerungen. An diesem Samstag findet sie Wasser in seinem Knöchel.

Während viele Angst haben, dass Henning stirbt, ist er selbst sicher, dass sein Wille und sein Körper stärker sind als die Abbauprozesse: »Bis zu den Wahlprognosen halte ich nicht durch. Vielleicht breche ich zusammen. Aber zusammenbrechen ist ja noch nicht sterben.«

Für seine Umgebung und von außen sieht die Welt anders aus. Denn nur solange Henning bei Bewusstsein ist, kann man ihn fragen, ob er künstlich ernährt werden will. Aber was, wenn er das Bewusstsein verliert?

Kein Wunder, dass seine Umgebung vor Angst um Henning selber bald umkommt. Und fieberhaft weiter an einer Lösung arbeitet.

Den ganzen Nachmittag steht auch bei Jörg Alt das Telefon nicht still.

Gegen halb fünf bekommt er einen Anruf mit der Frage, ob Henning Jeschke überhaupt noch in der Lage sei, selbst Anrufe entgegenzunehmen. Das ist endlich mal eine richtig gute Frage, findet Jörg Alt. Endlich Licht am Ende des Tunnels! Er ruft Henning an und versucht, ihm Mut zu machen, dass es jetzt, vielleicht, doch noch gut aussähe.

Im Hintergrund laufen die Verhandlungen weiter. Ausgehandelt werden müssen vor allem die Bedingungen für ein Gespräch, bei dem beide Seiten ihr Gesicht wahren können. Wo, auf welcher Bühne, mit oder ohne Kameras, das gewünschte Gespräch stattfinden könnte. Unter Hochdruck und zugleich quälend langsam geht es hinter den Kulissen voran.

Kurz nach 18 Uhr klingelt das Telefon von Henning Jeschke. Eine unterdrückte Nummer. Am Apparat: Olaf Scholz. Das

Gespräch dauert fast zehn Minuten. Olaf Scholz sagt Henning, dass er nicht möchte, dass sie weiter hungern, er sehe auch nicht, dass weitere Menschen in irgendeiner Form so etwas machen sollten. Dass es wichtig wäre, dass wir der Welt erhalten bleiben, um für ein besseres Klima zu streiten. Und dass er zu einem öffentlichen Gespräch nach der Wahl bereit sei, das sagt Olaf Scholz auch.

VOM HUNGERSTREIK ZUM FEUERALARM. ENDLICH!

HENNING JESCHKE

Wie im Vorfeld geplant, hat die Gruppe die Zeit des Hungerstreiks für eine Mobilisierung genutzt. Mit Beginn des Camps gibt es (online) Vorträge, um Menschen zu informieren und zu aktivieren. Am Ende hat die Gruppe 300 Kontakte von Menschen gesammelt, die sich bei der *Letzten Generation* engagieren wollen. Aus dem Hungerstreik ist das geworden, was sich Henning Jeschke gewünscht und erhofft hat: der Schwung für einen großen Widerstand auf den Straßen. Die Energie für einen möglichst flächendeckenden Feueralarm.

Einstweilen formuliert Henning mit Unterstützung anderer Menschen im Widerstand eine Pressemitteilung, verkündet der Welt, dass Olaf Scholz in ein öffentliches Gespräch eingewilligt hat, trinkt einen Tee (in genau dieser Reihenfolge) und lässt sich in die Charité bringen. Dort kommt er sofort auf die Intensivstation. Und dort bleibt er auch erst mal. Sein Puls schlägt gefährlich niedrig. Henning kommt kaum zum Schlafen. Immer wenn sein Puls unter 35 fällt, beginnt ein Alarm zu piepen. Selbst ein auf 30 Pulsschläge justierter Alarm wird immer neu ausgelöst. Am nächsten Morgen wird man ihm sagen, dass der Puls in der Nacht manchmal auf 26 gesunken ist. Ein bedrohlicher Wert, ein Wert, bei dem das Herz auch einfach aufhören kann zu schlagen. Ein Wert, der Henning nachträglich dann doch sehr beeindruckt.

Doch Hennings Herz setzt nicht aus, es schlägt einfach weiter. »Mein Herz hat sehr langsam geschlagen, aber sehr regelmäßig.« Auch jetzt sorgt sich Henning nicht um sich. Er geht nicht davon aus, dass er sterben könnte. Wenn er sich sorgt, dann um die Folgen, die die Erdüberhitzung schon jetzt hat. Und welchen Schmerz die immer noch andauernde gesellschaftliche Klima-Ignoranz bei der Generation nach ihm auslösen wird. Was sie denken werden, wenn sie mitbekommen, dass sich einige freuten, als die Arktis eisfrei wurde: »Juhu, neue Ölquellen werden verfügbar.«

Henning isst am zweiten Tag im Krankenhaus einen Apfel und zwei Mandeln. Am nächsten Tag isst er 30 Mandeln. Er weiß, dass er nur ganz langsam und strukturiert wieder zu essen anfangen darf. Henning ist froh und glücklich. Er hat alles in die Waagschale geworfen: seine Gesundheit und vielleicht sogar sein Leben riskiert. Und sein Ziel erreicht, auch wenn ihm viele Erpressung vorwerfen.

---

§ 253 Strafgesetzbuch – Erpressung

(1) Wer einen Menschen rechtswidrig mit Gewalt oder durch Drohung mit einem empfindlichen Übel zu einer Handlung, Duldung oder Unterlassung nötigt und dadurch dem Vermögen des Genötigten oder eines anderen Nachteil zufügt, um sich oder einen Dritten zu Unrecht zu bereichern, wird mit Freiheitsstrafe bis zu fünf Jahren oder mit Geldstrafe bestraft.

»Erpressung nach der Definition im Strafgesetzbuch heißt, du musst dir mit Gewalt einen egoistischen Vorteil verschaffen wollen. Aber wo sollte da ein egoistischer Vorteil für mich liegen?«, fragt er sich. Henning ist weitestgehend mit sich im Reinen. Noch im Krankenhaus fängt er an, seinen längst gefassten Plan umzusetzen.

In diese Krankenhaustage fällt deshalb auch der während des Camps groß angekündigte Vortrag, der, wie Henning ihn nennt, »Kommt-hierhin-um-zu-hören-wie-es-weitergehen-kann-Vortrag«. Das Ganze ist für den Dienstag nach der Bundestagswahl geplant. Henning liegt da schon seit zweieinhalb Tagen auf der Intensivstation, wird gerade auf die Normalstation verlegt. Im Zoom-Vortrag erzählt er vor ca. 100 Menschen, wie endlich ein System entstehen soll, das über symbolische Effekte, Gesprächs- oder Diskursanregungen hinaus die Chance hat, in politische Schritte zu münden. Ein System, das Henning hybrid nennt, weil sich Zeiten, in denen immer wieder schnell gerannt wird, abwechseln mit Zeiten, in denen Strukturen aufgebaut werden. Ziel sei es, in wenigen Monaten an den Start zu kommen und dann loszurennen.

Schon im Krankenhaus beginnt der – auch internationale – Austausch über den Hungerstreik. Dieser Austausch inspiriert schnell viele andere Menschen. Vom 1. November an sitzt Guillermo Fernandez, 48 Jahre alt, unter dem Hashtag *#PapaOnHungerstrike* in der Schweiz 38 Tage auf dem Berner Bundesplatz. Er hört erst auf zu hungern, als er die Zusage erstritten hat, dass das Schweizer Parlament Wissenschaftler:innen zu einer Gesprächsrunde zur Klimakatastrophe einlädt. Auch Guillermo Fernandez geht das Risiko, gesundheitliche Schäden davonzutragen oder zu sterben, ein, damit seine Kinder eine Chance auf eine bessere Zukunft haben.

Henning Jeschke spürt im Krankenhaus Hoffnung. Und Aufbruch. Die Vorträge, die er hält, enden immer mit der Frage: »Wer kann sich, ganz konkret vorstellen mitzumachen? Wer kann sich vorstellen, bei Straßenblockaden mitzumachen und die Konsequenzen dafür zu tragen?«

Die Online-Mobilisierung läuft gut an. Aber die in viele Städte geplante Tour zur Mobilisierung musste verschoben werden.

Die Ursprungsgruppe des Hungerstreiks ist nach dem Ende der Aktion zerfallen.

Mitte Oktober, nach einer Zeit der Regeneration, startet die Gruppe als *Letzte Generation* eine Phase der intensiven Vorbereitung auf die geplanten Straßenblockaden. Viele Mitstreiter:innen helfen Henning beim Organisieren von Vorträgen, die er mit dem Ziel hält, weitere Menschen zu finden, die sich dem Widerstand anschließen wollen. Bis Mitte Dezember hält Henning 25 Vorträge und reist dafür quer durch Deutschland. Unterwegs ergeben sich zusätzlich zu den geplanten Vorträgen noch spontane Möglichkeiten. »Auf der Tour Richtung Süden halte ich in Konstanz noch zusätzlich einen Vortrag, einfach weil ich beim Klima-Camp dort mit den Menschen ins Gespräch kommen darf.«

Nicht selten werden Interessent:innen von Menschen der *Letzten Generation* gleich am Tag nach einem Vortrag kontaktiert. Menschen, die mitmachen wollen, haben oft schon Ideen, wie es bei ihnen vor Ort weitergehen könnte. Andere haben Fragen, die es zu klären gilt. Und nicht nur Henning telefoniert oder schreibt, viele andere aus der *Letzten Generation* engagieren sich. All das funktioniert nur als Team, weil Menschen sich und ihre bisherigen Jobs zurückstellen und alle Zeit in die Kampagne investieren.

In diese Zeit fällt auch das mit so viel persönlichem Risiko erzwungene, letztlich aus Sicht vieler Beobachter leider missglückte öffentliche Gespräch mit Olaf Scholz. An dem von der Journalistin Sara Schurmann moderierten Termin nehmen Lea Bonasera und Henning Jeschke teil. Das Gespräch, das am 12. November 2021 in der Friedrich-Ebert-Stiftung stattfindet, wird aufgezeichnet und kann im Netz angeschaut werden. Man sieht, dass Henning Jeschke den Kanzlerkandidaten Olaf Scholz mehrfach unterbricht und sehr emotional agiert. Ein »Gespräch«, vor allem eine Verständigung über die Dramatik des Klimanotstands, kommt jedenfalls nicht zustande.[25]

Auf seiner Deutschlandtour erfährt Henning große, oft auch spontane, Solidarität: »Es ist großartig, auch spontan bei Leuten Unterkunft zu finden. In einige Städte fahre ich, ohne zu wissen, wo ich unterkommen kann, finde dann aber immer freundliche Gastgeber:innen.«

Ab Januar 2022 werden Trainings organisiert und Möglichkeiten geschaffen, sich mit bestimmten Themen intensiver zu beschäftigen. Denn die Entscheidung, sich irgendwo im öffentlichen Raum anzukleben, ist einerseits tiefgreifend und erfordert Rechtswissen. Andererseits braucht das Organisieren z. B. von Straßenblockaden detaillierte Ortskenntnisse und eine besonders gute Vorbereitung. Jede und jeder muss sich mit absoluter Friedfertigkeit und mit der Frage der eigenen psychischen Gesundheit auseinandersetzen. Es braucht darüber hinaus einen Rahmen, um über die gesamte Kampagnenphilosophie nachzudenken, über die große Frage, was derartige Aktionen bewirken können – zivilen Ungehorsam als Mittel des politischen Diskurses.

Das Konzept des zivilen Ungehorsams geht zurück auf den Philosophen David Thoreau, mit dem sich auch Henning Jeschke befasst hat. Vielen ist Thoreau durch sein Buch »Walden. Oder das Leben in den Wäldern« bekannt.

»Über die Pflicht zum Ungehorsam gegen den Staat« ist ein 1849 erstmals gedrucktes Essay von Henry David Thoreau. Der Originaltitel lautete zunächst »The Resistance to Civil Government«, später wurde daraus »Civil Disobedience« und dann »On the Duty of Civil Disobedience«. Das Essay steht damit ganz klar im Zusammenhang mit der Bürgerrechtsbewegung.

Verfasst in den Zeiten der amerikanischen Eroberungs- und Sklavenpolitik, fordert der Text dazu auf, sich dem Recht des

Staates nur zu beugen, wenn es mit den eigenen moralischen Vorstellungen und Werten übereinstimmt. Dabei propagiert er ein Gewissensrecht, auch gegen Ungerechtigkeiten in der Demokratie aufzustehen, auf das eigene Herz zu hören: »Wenn aber das Gesetz so beschaffen ist, dass es notwendigerweise aus dir den Arm des Unrechts an einem anderen macht, dann, sage ich, brich das Gesetz. Mach dein Leben zu einem Gegengewicht, um die Maschine aufzuhalten.«[26] Sein Aufruf zum zivilen Ungehorsam gegen den Staat aus Gewissensgründen inspirierte später unter anderem Gandhi und Martin Luther King zum gewaltfreien Widerstand. Auch die Résistance, die französische Widerstandsbewegung gegen die deutsche Besetzung des Landes während des Zweiten Weltkriegs, hat sich in ihrem Kampf auf das Gewissensrecht berufen.

*

Auch wenn die erste Aktion der *Letzten Generation* nach dem Hungerstreik Containern gewesen ist – dazu später mehr –, beschäftigte sich Henning schon mit dem übernächsten Schritt: Vorbereitung und Durchführung von Straßenblockaden und die zu erwartenden Reaktionen. Wichtig sind für die entstehende Bewegung *Letzte Generation* die Aktionstrainings, also die Seminare oder Workshops, in denen konkret gewaltfreies Verhalten eingeübt wird. Dass wütende Energie nie in Gewalt umschlagen darf.

Als es im Januar damit losgeht, sind erst mal weniger Menschen als erhofft dabei. Statt der anvisierten 50 bis 100 Menschen gehen um die 30 Menschen auf die Straße. Wobei das »Auf-die-Straße-Gehen« nicht die einzige Aufgabe ist. Es gibt Menschen, die kochen und »Gärtner:innen« genannt werden, es müssen Wohnungen angemietet werden, es benötigt Presse-

und Social-Media-Arbeit und bei den Aktionen selbst braucht es sogenannte Bienenköniginnen, Bezugspersonen für die am Prostest Beteiligten. Unerwartet ist, wie sehr die Teams, die aus ganz Deutschland nach Berlin reisen und in angemieteten Wohnungen in ihren jeweiligen Bezugsgruppen untergebracht sind, durch ihre Aktionen zusammenwachsen. »Menschen mit ganz unterschiedlichen Naturellen zu sehen, die sich vorher überhaupt nicht kennen und dann kaum mehr davon abzubringen sind, gemeinsam mutig auf die Straße zu gehen und zu protestieren, das ist schon sehr besonders«, hält Henning fest.

Die Blaulichtpolicy bei Straßenblockaden – weil jedes Leben zählt

Man erkennt bei allen Aktionen der *Letzten Generation* ein Muster: Sie zielen darauf ab, eine Disruption, eine Unterbrechung, des Alltags herzustellen und so über die Forderungen nach einer radikalen Wende in der Klimapolitik ins Gespräch zu kommen. Warum die Gruppe sich im Laufe der Zeit auf Basis ihrer Erfahrungen bei den vielen, ganz unterschiedlichen Aktionen (von der Störung einer »Fashion Week« in Berlin bis hin zum Abdrehen von Pipelineventilen) für ein bestimmtes Vorgehen entscheidet, liegt auf der Hand. Die Unterbrechungen und die damit ausgelöste Empörung bringen den Klimanotfall auf die Titelseiten von Zeitungen, in Onlineforen, Radiosendungen und Talkshows.

Wenn immer wieder in der öffentlichen Debatte die Forderung gestellt wird, der Protest der *Letzten Generation* möge doch bitte die wahren Verursacher:innen der Katastrophe treffen – beispielsweise die Konzerne und nicht arme Handwerker:innen auf dem Weg zu einem Rohrbruch oder Erzieher:innen auf dem Weg zur Kita, kann Henning nur feststellen: »Wir haben angesichts der Kipppunkte die demokratische Pflicht, alle Mitbürger:innen zu warnen. Die *Letzte Generation* hat mehr als 30-mal Pipelines abgestellt. Das hat aber leider kaum jemanden interessiert, es wurde wenig bis gar nicht darüber berichtet. Wenn uns kaum noch Zeit bleibt, die Klimakatastrophe abzuwenden, und der aktuelle Regierungskurs dazu führt, dass unsere Gesellschaft auseinanderbricht, müssen alle den Alarm hören. Das schaffen wir, indem wir auf die Straße gehen – und mehr noch: die Straßen blockieren und den Verkehr anhalten.«

Wie nah ist der Punkt, an dem wir die Kontrolle verlieren, wie dicht sind wir an den Kipppunkten? Genau wissen wir es erst, wenn es zu spät ist. Der bekannte britische Forscher Sir David King hat, nachdem er in den Ruhestand gegangen ist, deutliche Worte für die Situation gefunden. Im Februar 2021 sagte er: »Ich denke, was wir in den nächsten drei bis vier Jahren tun, wird über die Zukunft der Menschheit entscheiden.« Sir David King sagt auch, wenn er gefragt wird, wie viel CO_2 wir noch ausstoßen dürfen: »Es gibt kein Budget mehr, wir haben schon zu viel ausgestoßen und müssen den Rückwärtsgang einlegen.«

Aber dazu später mehr.

*

Von Anfang an versucht die Bewegung alles dafür zu tun, dass eine Straßenblockade nicht das Leben von Menschen gefährdet. Von Anfang an gibt sich die Bewegung eine sogenannte »Blaulichtpolicy«, eine strenge Vereinbarung zum Verhalten im Vorfeld und während einer Straßenblockade. Auf ihrer Webseite schreibt die *Letzte Generation:*

Aktionskonsens

Wir verhalten uns auch bei Aktionen entsprechend unserer Werte.
Wir sind absolut gewaltfrei in unseren Handlungen und bemühen uns auch in unserer Sprache um Gewaltfreiheit. Wir beleidigen niemanden. Das gilt sowohl untereinander als auch im Kontakt mit der Öffentlichkeit, der Polizei und allen anderen Menschen.
Wir tolerieren keine Form von diskriminierenden Äußerungen oder Verhalten.
Wir bereiten uns auf unsere Aktionen gründlich und gewissenhaft vor. Dazu gehört die Teilnahme an einem intensiven Aktionstraining.
Wir achten auf die Sicherheit aller Beteiligten und greifen niemals in flüssigen Verkehr ein. Unsere Blockadestellen sind mit Bedacht gewählt und gut einsehbar.
Wir achten darauf, dass wir immer eine Rettungsgasse bilden können – besonders wichtig, wenn Menschen sich festkleben. Einsatzfahrzeuge werden durchgelassen, ebenso Menschen in nachvollziehbaren, dringenden Notlagen. Wir stören den Alltag, nicht Menschen in Not.[27]

Die Vorsichtsmaßnahmen fangen damit an, dass sich immer nur ein Teil festklebt, eine Fahrspur auf der blockierten Straße bleibt stets offen, dort können die Beteiligten sofort aufstehen und die Straße frei machen, wenn ein Fahrzeug mit Blaulicht durchfahren muss. Falls jemand ein Blaulicht sieht oder hört, stehen diejenigen auf, die nicht festgeklebt sind. Sie helfen auch beim Bilden der Rettungsgassen. Jede Protestgruppe hat eine sogenannte Bienenkönigin, die der Gruppe hilft, schnell Entscheidungen zu treffen, besonders in unklaren Situationen.
Zudem werden die Aktionen angemeldet, wenngleich dabei

nicht immer der genaue Ort genannt wird, an dem alles stattfinden soll. Wenn beispielsweise in Berlin immer wieder an 30 immer gleichen Stellen blockiert wird, wissen die Behörden vorher Bescheid. Eine solche Vorabkommunikation gibt es auch bei anderen Aktionen, z. B. wenn Startbahnen auf Flughäfen das Ziel sind. Immer geht es um möglichst viel Transparenz, um jeder Angst-Eskalationsspirale aus Unwissenheit oder Unsicherheit vorzubeugen.

Henning Jeschke ist sich des Ausmaßes des Eingriffes in das Leben vieler Menschen durch eine Straßenblockade bewusst: »Der Eingriff ist nur dann zu legitimieren, wenn das Problem riesig ist«, sagt er. »Wäre die Klimkatastrophe nicht derart riesig, wäre nichts von dem, was wir machen, legitim. Trotzdem müssen wir alles versuchen, um den Eingriff in das Leben anderer Menschen so klein wie möglich zu halten.«

Ein wenig wünscht Henning sich auch, dass die Menschen ihr Bewusstsein ganz grundsätzlich ändern. Klar ist, dass es von Tag zu Tag ein Nachdenken braucht, eine Verbindung damit, was uns wirklich wichtig ist und was wir bewahren wollen. Und die Frage: Was wir bereit sind, dafür zu verändern, damit es mit dem Leben auf der Erde weitergeht und wir den drohenden Klima-Kollaps aufhalten können. Ein Umdenken, das notwendig ist!

Für Henning geht der Plan mehr oder weniger auf. Sein Leben nach dem Hungerstreik geht so weiter wie vorher: Er engagiert sich voll und ganz für die Sache, die sein Herzensanliegen ist.

Ganz anders ist das bei Jörg Alt. Und bei Lina Eichler. Für beide wird der Hungerstreik zu einem Wendepunkt. Bei beiden werden die Wege danach anders als geplant weitergehen.

Die eine weiß noch nicht, dass sie kein Abitur machen wird. Der andere wird, nach sechs Jahrzehnten mit weißer Weste und trotz ebenso weißen Priesterkragens, ganz bewusst zum Straftäter.

ICH KONNTE MIR NIE VORSTELLEN, EINMAL EIN STRAFTÄTER ZU WERDEN

JÖRG ALT

»Noch vor einem guten Jahr konnte ich mir nicht vorstellen, ein Dieb zu werden«, sagt Jörg Alt zu Beginn des Jahres 2023. Warum auch: Als Ordenspriester hat er sein Leben bislang immer den Menschen und mehr Gerechtigkeit gewidmet. Warum sollten für diese Lebensaufgabe Straftaten nötig sein? Zudem widerspricht dies nicht nur seinem Naturell, sondern auch seiner Sozialisation: »Ich bin ein Mittelstandskind und hatte immer einen hohen Respekt vor unserem Staat.«

Nicht, dass dies heute anders wäre, dass Jörg Alt keinen Respekt vor unserem Staat und seiner demokratischen Verfassung mehr hätte. Allerdings hält er vieles in unserer Demokratie für dringlich verbesserungswürdig, weil es schlecht funktioniert. Und wenn es für die Verbesserung drastischere Mittel als Petitionen und Kampagnen braucht, »dann ist es eben so, leider«.

Auch nach dem Ende des Hungerstreiks bleibt Jörg Alt mit Henning Jeschke in Kontakt. Im Januar 2022 treffen die beiden sich zum ersten Mal privat in Berlin. Gerade sind Henning und Lina zusammengezogen, so lernen sich die drei gleichzeitig kennen und schätzen.

*

Jörg Alt hat sich in den letzten Jahren seit der Begegnung erst mit den *Fridays for Future*, dann mit den bei der *Letzen Generation* engagierten Menschen viel und gründlich auseinandergesetzt.

Und umgekehrt befragen die jungen Widerständler:innen Jörg Alt, was denn seine Kirche zum Thema beizutragen habe. Die Antwort von Jörg Alt ist das erste Buch seiner Trilogie zur sozial-ökologischen Transformation, das er der Kirche widmet und ein Appell an alle Christ:innen und alle Menschen guten Willens ist: »Handelt!«[28] Jörg Alt stellt sich, einmal mehr in seinem Leben, die Frage: Was würde Jesus, jetzt, von ihm erwarten? Weil er für sich selbst Antworten in der katholischen Soziallehre findet, bereitet er diese Gedanken schriftlich für andere auf.

Die katholische Soziallehre baut auf verschiedene Prinzipien auf, die auf dem christlichen Menschenbild beruhen: dem Subsidiaritätsprinzip, dem Solidaritätsprinzip und dem Gemeinwohlprinzip. Oswald von Nell-Breuning, ein Jesuit des 20. Jahrhunderts, der über 100 Jahre alt wurde, Professor in St. Georgen und Vordenker der katholischen Soziallehre, nennt sie »Baugesetze der Gesellschaft«. Es geht um Strukturen, Sinn und Werte, ohne die ein menschliches Zusammenleben, das die Würde des Einzelnen achtet, nicht möglich ist.

Dabei geht es auch um das Prinzip der Nachhaltigkeit mit Blick auf die Erhaltung der Lebensgrundlagen, Impulse aus der Ökologiebewegung werden diskutiert und aufgegriffen. Kirchliche Hilfswerke engagieren sich ebenso wie einzelne Pfarreien und Bistümer.

Die gedankliche Auseinandersetzung, was kann, was soll, was muss ich, Jörg Alt, angesichts der ökologischen Krise tun, in der wir seit Jahrzehnten stecken, ist ein starker Motor, sich an vielen Stellen zu engagieren. Zu dieser Auseinandersetzung gehören neben Predigten, Vorträgen, Podiumsdiskussionen, schriftlichen Appellen, Beiträgen in Foren, Magazinen und Zeitungen sowie Buchveröffentlichungen schließlich auch die Gründung von UKAMA, dem Zentrum der Jesuiten für die sozial-ökologische Transformation in Nürnberg. Man könnte glauben, damit wäre alles fürs Erste an einen guten Punkt gekommen. Ist es aber nicht.

Die Polykrise und ihre vielen, so unterschiedlichen Ursachen lassen Jörg Alt keine Ruhe. Durch seine Zugehörigkeit zu einem Orden mit Niederlassungen in allen Kontinenten bekommt er immer neue, ungeschönte Einblicke und unmittelbare Erfahrungsberichte, wie groß das Leid seiner Mitbrüder und der Menschen, mit denen sie weltweit zusammen leben und arbeiten, durch Klimakrise und Neoliberalismus vor allem im globalen Süden schon ist.

Nicht alle sind es gewohnt, sich gedanklich mit unserer Welt und ihren Krisen auseinanderzusetzen. Bei den Jesuiten, die vielfach akademisch geschult sind, ist es oft Teil des persönlichen Lebenskonzeptes – und der Ordensentwicklung. Zunehmend wird Jörg Alt gefragt, was seine theoretischen Überlegungen denn nun ganz konkret im Alltag bedeuten. Dort, wo wir täglich viele Tausend kleine und große Entscheidungen treffen müssen? Und was es für die großen Dinge, für Arbeit, Wohnen, Leben bedeutet? Jörg Alt denkt weiter nach, erkundet die großen Felder, unser ganzes gesellschaftliches und wirtschaftliches System. Vieles ist dabei neu für ihn, mit manchem beschäftigt er sich auch nicht zum ersten Mal. Er versucht es mit der Bibel, konkret mit Paulus, zu halten, alles zu prüfen und das Gute zu behalten (1 Thess. 5,21).

Geübt ist Jörg Alt darin, seine Überlegungen gegen den Vorwurf zu verteidigen, das sei doch kein Christentum, sondern nichts als linke Politik. Routiniert zitiert er im Gespräch Dom Helder Camara, einen brasilianischen Bischof, der einmal gesagt hat: »Wenn ich den Armen Brot gebe, nennt man mich einen Heiligen. Doch wenn ich frage, warum die Armen nichts zu essen haben, werde ich als Kommunist beschimpft.« Wenn das nicht reicht, um die Anwürfe abzuwehren, nimmt Jörg Alt

Anleihe bei seinem wohl weltweit berühmtesten jesuitischen Mitbruder, bei Papst Franziskus. Der sagt schließlich, dass unsere Wirtschaft tötet.

> Ebenso wie das Gebot »Du sollst nicht töten« eine deutliche Grenze setzt, um den Wert des menschlichen Lebens zu sichern, müssen wir heute ein »Nein zu einer Wirtschaft der Ausschließung und der Disparität der Einkommen« sagen. Diese Wirtschaft tötet.
> (Evangelii Gaudium 2013, Nr. 53)[29]

Jörg Alt kann aus dem Stegreif auch die Entgegnungen des Papstes auf jene Kritiker:innen zitieren, die sich über dessen Einschätzung, dass dies unsere Wirtschaft töte, aufregen. Jenen entgegnet der Papst: »Was ich sage, entspricht der katholischen Soziallehre. Das bedeutet nicht, dass ich ein Marxist bin. Vermutlich haben jene, die mir dies unterstellen, keine Ahnung von der Soziallehre, und ebenso wenig scheinen sie den Marxismus zu kennen.«[30]

Jörg Alt teilt uneingeschränkt aber noch eine weitere Position von Papst Franziskus aus dessen Enzyklika *Laudato Si:*

> »Es gibt nicht zwei Krisen nebeneinander, eine der Umwelt und eine der Gesellschaft, sondern eine einzige und komplexe sozio-ökologische Krise.«[31]

Im zweiten Buch seiner Trilogie, »Einfach anfangen!«[32], legt Jörg Alt deswegen dar, dass unser System, und was daran, unser Überleben als Menschheit gefährdet. Aber auch, wie wir uns davon befreien können. Er ist überzeugt, dass wir alles zur Verfügung haben, was es für eine solche Befreiung braucht: genug Wissen, genug Mittel und genug Möglichkeiten.

Nicht nur Jörg Alt, auch Zehntausende im Zusammenschluss der *ScientistsForFuture* zusammengeschlossene Wissenschaftler, NGOs, Stiftungen und Think Tanks beschäftigen sich mit der Frage, was das drängendste Problem ist, das gelöst werden muss. Corona? Inflation? Stotternde Wirtschaft? Verzug in der Lieferkette? Wetterextreme? Zunehmend wird erkannt und bekannt, dass vieles von dem, was uns alltäglich als Krise beschäftigt, lediglich Folgen und Symptome eines tiefer liegenden systemisch-strukturellen Problems sind: Unsere auf Wachstum und Profit angelegte neoliberale Wirtschaftsweise. Der Ökonom Kenneth Boulding meinte selbstkritisch: »Jeder, der glaubt, exponentielles Wachstum kann in einer endlichen Welt andauernd weitergehen, ist entweder ein Verrückter oder ein Ökonom.« Wir wirtschaften, als ob wir viele Planeten zur Verfügung hätten – wir haben aber nur einen. Jedes Jahr kommt der »Erdüberlastungstag« früher, der signalisiert, dass die Erde ab dann entnommene Ressourcen nicht mehr regenerieren kann, sondern wir ab dann auf Kosten kommender Generationen leben.[33]

Damit wir uns aus der Sackgasse befreien können, solange wir noch Zeit haben, sind zwei Dinge wichtig: erstens, den Erkenntnissen von Kenneth Boulding folgend: Das Problem ist immer das Wachstum. Und auch grünes Wachstum ist Wachstum, auch grünes Wachstum verstößt gegen planetare Grenzen, übernutzt und verschmutzt natürliche Ressourcen. Natürlich würden bei einem wachstumsreduzierenden Wirtschaften Arbeitsplätze wegfallen, wir bräuchten Umschulungen und viele andere Anstrengungen. Aber tun wir nichts, sind diese Arbeitsplätze ebenfalls gefährdet: durch die Klimakatastrophe. Wenn diese Katastrophe eintritt, geht es auch um Arbeitsplätze. Sehr viele Menschen werden sich neue Tätigkeitsfelder suchen müssen, weil das bisherige Leben und Arbeiten schlicht unmöglich wird. Weil Lieferketten zusammenbrechen, weil es zu heiß ist, weil der Regen ausbleibt und Felder verdorren – oder weil ganze Landstriche überflutet sind. Warum also nicht sofort anfangen, unsere Wirtschaft kontrolliert, aber energisch an die planetaren Grenzen ebenso anzupassen wie an die realen Bedürfnisse der Menschen?

Menschen brauchen Einkommen, aber folgt man der Glücksforschung, werden sie ab einem Grenzbetrag nicht automatisch glücklicher, sondern eher unzufriedener.[34] Menschen wollen telefonieren, brauchen dazu aber nicht zwingend das neueste Handy. Menschen wollen Kleidung, aber nicht halbjährlich neue Label. Menschen wollen Fortbewegung, das kann auch ein gut ausgebauter öffentlicher Personennahverkehr. Menschen wollen schmackhafte und gesunde Nahrung, aber genau das spricht für vegetarisches oder veganes Essen.

Zweitens: Man will uns glauben machen, dass Innovation und Technik uns vor der drohenden Klimakatastrophe retten werden. Dass beides einen Beitrag spielen kann, manche Entwicklungen abzumildern, ist unbestritten. Wir brauchen aber *jetzt* sofort Lösungen, da sich *jetzt* die Handlungs-Zeitfenster schließen. Nur ein Beispiel: Die bislang größte Carbon-Capture & Storage Fabrik in Island entzieht der Luft bei hohem Energieaufwand einige Tausend Tonnen CO_2 pro Jahr. Bis 2030 soll die Leistung auf 1 Million Tonnen gesteigert werden.[35] Doch das wird nicht reichen, um die Katastrophe abzuwenden. Zugleich ist jedes funktionierende Ökosystem um ein Vielfaches effizienter – und steht schon *jetzt* zur Verfügung. Wie Greta Thunberg und George Monbiot es formulierten: »Es gibt eine magische Maschine, die Kohlenstoff aus der Luft saugt, sehr wenig kostet und sich selbst baut. Sie heißt: Baum.«[36]

Es geht nicht um Korrekturen innerhalb eines bestehenden Systems, sondern um einen Neuanfang, eine komplette Wende! Deshalb brauchen wir beispielsweise keinen Um- und Ausbau des »grünen motorisierten Individualverkehrs« mit Elektrobatterien oder E-Fuels, sondern einen energischen Ausbau öffentlicher Verkehrssysteme (Busse, Bahnen und ggf. neue Technologien, die die bisherigen Systeme optimieren oder ersetzen). Wir brauchen eine am Gemeinwohl und realen Bedarf orientierte Kreislaufwirtschaft, die automatisch ressourcenschonender sein wird.

Unsere heutige Wirtschaftsweise ist absolut nicht alternativlos. Es gab Wirtschaft vor dem Neoliberalismus, es wird Wirtschaft nach ihm geben.

Der Wikipedia-Artikel *Heterodox Economics* listet beispielsweise Dutzende Einträge, wie man Wirtschaft auch organisieren könnte.[37] Oder: Alternative Modelle wie die Gemeinwohlökonomie oder Doughnut Economics[38] sind inzwischen einer wachsenden Öffentlichkeit bekannt und werden zum Teil schon praktiziert.

Der Umbau beginnt mit der Abschaffung des Bruttoinlandsprodukts als Dreh- und Angelpunkt politischer Planung. Es muss ersetzt werden durch einen Nationalen Wohlstandsindex, der von Menschen geschätzte Werte wie Gesundheit, Sicherheit und intakte Umwelt als Plusfaktor, Kriminalität, Sucht und Luftverschmutzung hingegen als Minusfaktoren gewichtet. Das könnte in Deutschland sofort geschehen, da das Umweltbundesamt bereits einen solchen Index, bestehend aus 20 Komponenten, entwickelt hat.[39]

Eine neue Wirtschaftsweise wäre zudem ein Gebot der Gerechtigkeit: Jeder Mensch, jeder Konzern muss für seine Nutzung und Verschmutzung natürlicher Ressourcen bezahlen. Jeder

Mensch muss gleiche Ausgangsbedingungen am Anfang seines Berufslebens haben. Jede Arbeit muss wertgeschätzt werden, nicht nur Erwerbsarbeit, sondern auch Erziehungs- und Pflegearbeit oder ehrenamtliche Arbeit. Der Bericht »EarthForAll« des Club of Rome schlägt zur Lösung dieser Forderungen einen Bürgerfonds vor: Dort hinein fließen Einnahmen aus Vermögens- und Einkommenssteuern, die nach dem Prinzip der Leistungsfähigkeit erhoben werden, oder Abgaben, die Superreiche und Konzerne für ihre Nutzung und Verschmutzung natürlicher Ressourcen einzahlen. Von dort entnommen werden kann ein »Chancenerbe«, also ein gleiches Startkapital für alle jungen Menschen am Start ihres Berufslebens, oder eine »Grunddividende« für alle BürgerInnen, was Ungleichheit verringert und zudem eine angemessene Honorierung von jeder Form von Arbeit darstellt.[40] Das neue Wirtschaftssystem muss global gerecht sein: Arme Länder haben beispielsweise Anspruch auf ein Wohlstandsniveau, das uns selbstverständlich und normal erscheint. Planetare Grenzen sind kein Grund, dies den armen Völkern zu verbieten: Vielmehr müssen wir im Globalen Norden den Gürtel enger schnallen.[41]

Nur: Wir müssten es dann endlich auch einmal tun! Und das auch noch schnell genug. Erneut stellt sich die Frage: Haben wir die institutionellen Voraussetzungen, die nötigen Entscheidungen zu fällen und die nötigen Regeln durchzusetzen? Das hat individuelle und systemische Implikationen, dazu später im Buch mehr.

Jeder und jede, der oder die die Frage »Was müssen wir tun?« redlich stellt, kommt nicht daran vorbei, sich auch selbst in die Pflicht zu nehmen: Und was tue ich? Was kann, was will, was muss ich tun?

Stören. Nicht zerstören

Auch Jörg Alt kommt an dieser Frage nicht vorbei. Einstweilen begleitet er Henning und die *Letzte Generation* weiter. So sitzt er zum Beispiel am Freitag, den 12. November 2021, im Saal der Friedrich-Ebert-Stiftung im Publikum, hört dem verunglückten Gespräch zwischen dem Noch-Vizekanzler und Bald-Kanzler Olaf Scholz und der *Letzten Generation* zu. Man kann sehen, dass es ihn während der Debatte kaum auf seinem Stuhl hält: »Mich haben zwei Dinge genervt«, sagt Jörg Alt heute. »Einerseits, dass Olaf Scholz in diesem Gespräch an keiner Stelle den akuten Klimanotstand eingeräumt hat. Aber wie kann man eine treffende Analyse machen, wenn man nicht den wissenschaftlichen Konsens zugrunde legt? Andererseits hat mich auch genervt, wie aggressiv Henning kommuniziert hat.«

Jörg Alt diskutiert in den folgenden Monaten viel über die gesamte Thematik des drohenden Klima-Kollapses und die Optionen, die bleiben, um dem entgegenzuwirken. Er versteht, warum die *Letzte Generation* als erste Aktion nach dem Hungerstreik gegen Lebensmittelüberproduktion, -verschwendung und -vernichtung mobilmachen, indem sie noch essbare Dinge aus den Mülleimern der Supermärkte fischen und anschließend verschenken. Darunter sind auch Früchte, Obst und Gemüse und andere Waren, die im globalen Süden angebaut werden und dort lebenden Menschen Nutzflächen wegnehmen. Dann werden sie aufwendig nach Deutschland transportiert und hier weggeworfen, weil sie kleine Macken haben oder das Mindesthaltbarkeitsdatum abgelaufen ist – ohne dass das etwas an ihrer Essbarkeit ändern würde! Nach dem Hungerstreik eine Aktion, die sich dagegen richtet, dass wegen unseres Konsums Hunger in anderen Weltteilen entsteht? Passt. Hinzu kommt, dass Papst Franziskus dieses Leben auf Kosten der Armen schon jahrelang kritisiert. Da kann Jörg Alt nicht länger an der Seite stehen und schließt sich dem Protest der *Letzten Generation* an. Er wird zum Dieb und zum Straftäter. Zu dem *Warum* und *Wie* schreibt er:

EssenRetten – LebenRetten

Losgehen soll es mit etwas Elementarem: Lebensmitteln. Ihre Überproduktion, Verschwendung und Vernichtung ist ein Skandal angesichts steigender Versorgungsengpässe, Hungers und Teuerung sowie ein Beitrag zu Artensterben, der Übernutzung und Verschmutzung natürlicher Ressourcen und dem Klimawandel. Dagegen protestierte ich mit »Containern« und Selbstanzeige, die mir ein Verfahren nach § 243 StGB einbrachte: Verdacht auf »Besonders schweren Diebstahl«, worauf mindestens drei Monate Gefängnis stehen.

Bis heute ist der Gesetzgeber dem Regelungs-Fingerzeig des Bundesverfassungsgerichts nicht nachgekommen. Es scheint so, (...) »als ob eine Lobby aus Wirtschaft und Politik nicht zulassen kann, dass gesetzliche Ausnahmen in den absoluten Schutz des Privateigentums nach Art. 14,1 GG gebohrt werden – etwa wenn man nach Art. 14,2 GG eine »Selbstbedienung« im Fall von Not erlauben würde. Die von der Bundesregierung vorgeschlagene bedingte Straffreiheit ist aus meiner Sicht eine Mogelpackung, da sie mit dem Bußgeldkatalog jongliert, um eine gesetzliche Klarstellung zu vermeiden.

Hinzu kommt die Inaktivität der Bundesregierung hinsichtlich des ebenfalls von mir geforderten EssenRetten Gesetzes nach französischem Vorbild oder den Bemühungen, die Landwirtschaft angesichts der Erderhitzung resilienter zu machen.[42]

In einem Podcast mit dem Titel »Stören. Aber nicht zerstören« begründet Jörg Alt seinen »Diebstahl«, freut sich über das bundesweite Echo der Aktion.

In der Tat sind die nächtlichen Bilder, Jörg Alt mit Helm, Stirnlampe und gelben Handschuhen vor offenen Müllcontainern voller genießbaren Essens eindrücklich. »Selten haben wir so gut bei den Jesuiten gegessen wie nach meinen Diebstählen, wir haben zum Beispiel köstlichen Shrimps-Cocktail gegessen«, erzählt Jörg Alt verschmitzt-feixend von kostbaren, aus dem Müll geretteten Delikatessen, denen nichts fehlte.

*

Jörg Alt führt viele leidenschaftliche Diskussionen mit der *Letzten Generation,* vor allem mit Henning. Etwa zur Unterscheidung zwischen zivilem Ungehorsam und zivilem Widerstand. Wenn er containert, nennt er das zivilen Ungehorsam und hält diesen für rechtfertigbar, da man für sein Handeln neben dem Grundgesetz auch Urteile des Bundesverfassungsgerichts heranziehen kann. Ähnlich der Bürgerrechtsbewegung Martin Luther Kings, der Recht und Rechtsprechung umgesetzt wissen wollte. Autobahnen zu blockieren, um sich dem »Weiter so« unserer gesamten fossilen Wirtschafts-, Entscheidungs-, Regierungs- und Lebensweise in den Weg zu stellen, hält er für zivilen Widerstand. Ähnlich Mahatma Gandhis »Salzmarsch«, mit dem er sich gegen das britische Empire als solches stellte. Dieser grundsätzliche Protest geht ihm entschieden zu weit. Eigentlich.

Denn dann bekommt Jörg Alt Post von seinen Mitbrüdern aus dem globalen Süden, die seine Position infrage stellen. Und Jörg Alt lässt sich infrage stellen, denkt neu nach. Seine Mitbrüder rufen, im Bild gesprochen, laut »Halleluja«, als sie von den Straßenblockaden hören. Sie sind sehr dankbar für den zivilen Widerstand, den die jungen Menschen leisten. Endlich gehen im globalen Norden Menschen auf die Straße, weil sie wissen, dass deren Verhalten Menschen im Süden schadet, weil es das Klima verändert. Zwar erkennen die Jesuiten im globalen Süden an, dass Straßenblockaden eine bedeutende Unterbrechung des Alltags für Menschen im Norden sind. Aber diese Störungen sind nichts im Vergleich mit den Auswirkungen und dem Leiden, die die Klimakatastrophe im Leben der Menschen im globalen Süden schon so lange hat.

Durch ihre heutigen Aktivitäten werden Autofahrer gestört ... Viele von ihnen werden verspätet oder gar nicht an ihrem Ziel ankommen. Gleichzeitig verblassen die Störungen, die durch diese legitimen Akte des zivilen Ungehorsams verursacht werden, im Vergleich zu denen, die durch den Klimawandel verursacht werden. Obwohl wir in Afrika südlich der Sahara nur einen winzigen Teil der weltweiten Treibhausgasemissionen verursachen, gehören wir zu den am stärksten von der Klimakrise betroffenen Ländern ... Die Klimakrise auf diesem Kontinent wird bereits an den verlorenen Menschenleben, den verlassenen Gemeinden und den unterernährten Familien gemessen; alles Ergebnis von Konsummustern, zu denen wir weder beigetragen noch von denen wir profitiert haben. Deutschland und die Europäische Union müssen dringend Maßnahmen ergreifen. Unsere Leben hängt davon ab.

Die jungen Menschen, die heute deutsche Straßen blockieren, setzen sich für uns ein. Wir hoffen, dass die deutsche Öffentlichkeit und die Regierung diesem Beispiel folgen werden.

Fr. Charles Chilufya, S.J., Director
Jesuit Conference of Africa and Madagascar,
Justice and Ecology Office[43]

Dann kommt der 24. Februar 2022, der Beginn des Angriffskrieges Russlands gegen die Ukraine. Der Angriff verändert unser Leben, nicht nur in Europa. Es entsteht neues, unermessliches Leid. Eine weitere Krise, noch dazu eine mit weitreichenden Folgen. Weil die Ukraine eine der wichtigsten Kornkammern für die weltweite Versorgung ist, trifft den globalen Süden noch eine Katastrophe mehr. Mehr Hunger, mehr Elend.

Außergewöhnliche Zeiten. Außergewöhnliche Maßnahmen.

Um symbolisch die Abhängigkeit von fossilen Autokratien zu verringern, werden von Aktivist:innen der *Letzten Generation* Pipelines abgedreht und Maßnahmen gefordert, die sofort dazu beitragen könnten, sowohl fossile Energien einzusparen *und* Treibhausgasemissionen zu verringern: Ein Tempolimit von 100 km/h und die Wiedereinführung des 9-Euro-Tickets. Welche CO_2 Einsparung ein derartiges Tempolimit bringen würde, rechnet das Umweltbundesamt auf seiner Webseite schon im Februar 2020 vor. Anfang 2023 werden die Auswirkungen nochmals auf Basis neuer Erkenntnisse beurteilt. Auf seiner Homepage fasst das Amt dies so zusammen:

> Die Wirkungen von Tempolimits auf Bundesautobahnen und Außerortsstraßen wurden im Forschungsprojekt »Flüssiger Verkehr für Klimaschutz und Luftreinhaltung«, das zwischen 2019 bis 2023 durchgeführt wurde, bewertet. Hierbei wurden zunächst die Minderungswirkungen betrachtet, die durch die Verringerung der durchschnittlichen Geschwindigkeiten auf Bundesautobahnen ent-

stehen. Bei Einführung eines Tempolimits von 120 km/h auf Bundesautobahnen würden die Treibhausgasmissionen des Straßenverkehrs durch die Verringerung der durchschnittlichen Geschwindigkeit um 2,9 Prozent gesenkt (minus 4,5 Millionen Tonnen CO_2-Äquivalente im Jahr 2018). (…) Wird neben Tempo 120 auf Bundesautobahnen auch Tempo 80 auf Außerortsstraßen eingeführt, läge die Minderungswirkung durch die Verringerung der durchschnittlichen Geschwindigkeiten bei 3,4 Prozent bezogen auf die gesamten Treibhausgasemissionen des Straßenverkehrs (minus 5,3 Millionen Tonnen CO_2-Äquivalente im Jahr 2018). Die zusätzliche Berücksichtigung der Routenwahl erhöht die Minderungswirkung dabei auf 3,9 Prozent (minus 6,2 Millionen Tonnen CO_2-Äquivalente im Jahr 2018), die Berücksichtigung der Nachfrage auf 5,1 Prozent (minus 8,0 Millionen Tonnen CO_2-Äquivalente im Jahr 2018).
Bezogen auf das Jahr 2021 läge die Minderungswirkung bei insgesamt 6,0 Millionen Tonnen CO_2-Äquivalente (Tempo 120 auf Autobahnen) beziehungsweise 7,3 Millionen Tonnen CO_2-Äquivalente (Tempo 120 auf Autobahnen und Tempo 80 auf Außerortsstraßen).[44]

Bei Einführung eines Tempolimits von 100 km/h auf Autobahnen wären die jährlichen Treibhausgasminderungen natürlich noch höher. Und genau deswegen ist Tempo 100 eine der Forderungen der *Letzten Generation.*

*

In dieser Zeit stellt Jörg Alt, der sich als Klima- und Gerechtigkeitsaktivist versteht, vor allem die Frage: Wenn unsere Wirtschaft tötet und viel zu wenig dafür getan wird, dass das systemische und systematische Leiden und Sterben aufhört, ist es dann nicht lange überfällig, darauf auch mit Widerstand, nicht nur mit zivilem Ungehorsam zu reagieren?

Ja. Es ist an der Zeit, anders auf diese doppelte, soziale und ökologische, Krise zu reagieren, findet Jörg Alt nach intensivem Nachdenken. Denn diese Krise ist anders als alle anderen zuvor. In dieser Krise geht es nicht um eine Sache, einen Aspekt, eine Form der Ungerechtigkeit, die man ändern und beenden könnte. In dieser Krise geht es um das Überleben der Menschheit schlechthin. Zugleich läuft die Zeit davon, das drohende Szenario aufzuhalten.

Und? Was bedeutet das für mich?

Für Jörg Alt bedeutet es, den nächsten Schritt zu gehen. Er beteiligt sich im Sommer 2022 an einer jener Straßenblockaden, gegen die er in den Monaten zuvor in den Diskussionen mit den Menschen der *Letzten Generation* entschieden gewettert hat.

KEINE ZEIT FÜRS ABITUR

LINA EICHLER

Mitte November 2022 betritt Lina Eichler, ungewohnt im schwarzen Sakko, mit hellblauem Hemd und roter Krawatte, am frühen Morgen zusammen mit einer kleinen Gruppe Mitstreiter:innen die Landsberger Allee in Berlin. Alle tragen Masken mit dem Gesicht von FDP-Chef Christian Lindner, dazu Anzug und Krawatte. Und zusammen tragen sie Banner, auf denen steht: »Einmal so blockieren wie die FDP.«

Als kurze Zeit später ein Rettungswagen an dieser Stelle vorbeifahren muss, springt Lina zur Seite. Übrigens: Immer kleben sich einige Protestierende bei derartigen Blockaden nicht am Boden an, damit im Notfall sofort eine Rettungsgasse entstehen kann. Der Rettungswagen passiert die Stelle auch heute ohne Verzögerung. Ihre Maske hat Lina da schon lange verloren. Jemand hat sie ihr vom Gesicht gerissen.

Lina hat Angst. Und das bei jeder Straßenblockade aufs Neue. Kein Wunder. Im Januar 2022 hat ihr ein Mann brutal ins Gesicht geschlagen. Lina wurde angeschrien, ein Auto ist ihr über den Fuß gefahren. Vor jeder neuen Aktion suchen sie Panikgefühle heim. Sie erlaubt der Angst nicht, zu viel Raum einzunehmen. Sichtlich bewegt stellt sie fest: »Ich habe immer so viel Angst und mir macht es keinen Spaß zu stören, Menschen auf den Weg zur Arbeit aufzuhalten. Aber es ist meine Pflicht, das zu tun. Es ist meine moralische Pflicht zu versuchen, unendliches Leid und Sterben in vielen Ländern dieser Erde noch aufzuhalten.«

Lina gehört seit Januar 2022 zur Bewegung der *Letzten Generation.* Wohnung und Lebensunterhalt finanziert sie über Spenden.

In Vollzeit organisiert sie Protestaktionen für mehr Klimaschutz. Eigentlich sollte Lina im April 2022 ihr Abitur schreiben. Deshalb war sie am Ende des Hungerstreiks im September 2021 nach Dortmund zurückgekehrt, hatte wieder ihre Schule in der kleinen Stadt Lünen besucht.

Was war passiert, was brachte sie zu der Entscheidung, ihre Pläne aufzugeben? Eigentlich – nichts. Also jedenfalls nichts Neues nach dem Ende des Hungerstreiks. Jedenfalls nichts in Linas Stufen- und Schulwelt. Die war genauso, wie sie sie im August zurückgelassen hatte. Immer noch dreht sich in ihrer Jahrgangsstufe alles um Abisprüche, Abiball und den Numerus clausus. Und genau das war das Problem für Lina. Denn angesichts der drohenden Klimakatastrophe konnte sie nicht einfach weitermachen wie zuvor, ihre Zeit auf der Schulbank verbringen, abwarten, später ein Studium beginnen. Aus Linas Sicht war es vertane, verschwendete Zeit, die sie eigentlich für etwas anderes brauchte.

*

Lina sitzt im Unterricht und weiß nicht, was sie hier eigentlich macht. Fragt sich, warum sie Dinge lernen soll, die ihr angesichts der weltweiten bedrohlichen Lage endlos belanglos erscheinen. Und das, während zur gleichen Zeit, an anderen Stellen so viele wichtige Dinge passieren. Sie liest in einem PDF, das ihr Henning geschickt hat: »This is an uprising« (»Dies ist ein Aufstand!«). Nach einem langen Schultag schreibt Lina in ihr Tagebuch: *»Warum habe ich das Gefühl, vor einem Burn-out zu stehen?«* Weil die Spannung zu groß ist, zwischen dem, was sie eigentlich will, und dem, was ist. Das macht ihr zu schaffen.

Linas Lehrerin, Katrin Rieckermann, hat Verständnis für ihre Schülerin und deren Überlegungen. Im Interview erzählt sie, dass mit Linas Rückkehr aus Berlin vom Hungerstreik in die Schule zwei Welten aufeinanderprallten: die des politischen Aktivismus einerseits und die der Schule andererseits: »In der Schule sitzen irgendwelche Menschen tagein, tagaus und lernen irgendetwas. Was zudem noch erst mal nicht unbedingt mit dem Leben draußen zu tun haben muss. Das ist für viele Schüler und Schülerinnen durchaus ein Segen, weil sie sich noch gar nicht in der Welt verorten. Aber Lina war schon in die Welt gegangen, hatte erkannt, um was es wirklich geht. Sich dann wieder in einem Schulgebäude auf die Bank zu setzen, neben Menschen, die sie überhaupt gar nicht verstehen, nur um die Schule zu beenden – das ging einfach nicht mehr.«

Aber muss eine Lehrerin, die eine Schülerin seit der fünften Klasse bis drei Monate vor der Abiturprüfung begleitet hat, nicht alles dafür tun, dass diese ihren Einsatz bei den Klimaaktivisten noch für ein paar läppische Wochen verschiebt? Die Lehrerin macht sich die Entscheidung nicht leicht. »Bei einem anderen Thema hätte ich vielleicht anders reagiert«, mutmaßt Katrin Rieckermann über sich selbst, »aber Linas Thema war die Klimakrise. Wie sollte ich da sagen, es ist noch Zeit, das auf später zu vertagen? Du hast noch Zeit? Das konnte ich nicht.« Katrin Rieckermann weiß, dass sie Lina ohnehin nicht aufhalten kann. Sie weiß aber auch, dass Lina schon das Fachabitur hat. Und dass es viele Wege geben wird, Abitur und Studium über alternative Bildungswege nachzuholen, falls Lina es sich irgendwann anders überlegen sollte.

Auch Lina macht sich die Entscheidung nicht leicht. Akribisch und kreativ führt Lina ein sogenanntes Bullet Journal, eine Mischung aus Tage- und Notizbuch, Kalender, To-do-Listen und Skizzenheft. In Linas Bullet Journal kleben Bahntickets, finden sich Zusammenfassungen von Filmen oder Büchern, mit denen sie sich auseinandersetzt. Lina malt, schreibt und notiert

Gedächtnisprotokolle von Gesprächen und von Aktionen. Und immer wieder schreibt sie Pro- und Kontralisten für dieses und jenes. Auch zu der Frage: In Dortmund bleiben und Abitur machen? Oder nach Berlin gehen und Klima-Vollzeitaktivistin werden? Zu jeder der beiden Fragen zeichnet sie eine Tabelle, notiert darunter jeweils alle Pro- und Kontraargumente. Dann markiert sie die wichtigsten Argumente und zählt diese in Strichlisten. Über der Tabelle »Berlin« stehen am Ende fünf Striche. Über der Tabelle »Dortmund« nur vier.

Als Lina ihre Entscheidung gefällt hat, muss sie diese in der Schule vertreten. Muss Gespräche führen, erntet heftigen Widerspruch, viel Kritik und auch komplettes Unverständnis. Eine Schulstunde lang dauert das Gespräch, als sie sich endgültig abmelden will. Ein letztes Mal versucht ein Mitglied des Kollegiums Lina umzustimmen. Diese notiert über dieses Gespräch später:

»Gerade hatte ich ein Gespräch über meine »Laufbahn«. Ich habe nun endlich meine offizielle Abmeldung unterzeichnet. In dieser formellen Abmeldung gab es witzigerweise zwei Spalten zum Ausfüllen. Es gab nur die Möglichkeit, sich abzumelden, um eine andere schulische Laufbahn einzuschlagen, oder in den Bereich einer beruflichen Ausbildung zu wechseln. Keine dieser beiden Sachen habe ich ja nun vor. Also trug ich als Job ›Klimagerechtigkeitsaktivistin‹ ein.«

In 30 Jahren habe es das noch nie gegeben, formulartechnisch sei sie einfach nicht zu erfassen, kommentierte ihr Gegenüber Linas großen, für sie aber einzig folgerichtigen Schritt.

Gleichzeitig setzt Linas sich mit den An- und Vorwürfen aus den vielen Gesprächen auseinander.

Dem Vorwurf, es sei falsch, die Schule abzubrechen, weil Veränderungen immer nur langsam in Gang kämen; wir hätten zwar keine Zeit in der Klimakrise, aber die Gesellschaft sei eben so langsam, setzt sie innerlich ihre unbändige, wild entschlossene Haltung entgegen. Sie möchte für die notwendige Veränderung mit allen ihr zur Verfügung stehenden, gewaltfreien Mitteln sorgen!

Schwerer trifft sie der Vorwurf, durch das Verlassen der Schule fortan als eine »ungebildete Person« zu gelten. Einer Schulabbrecherin wie ihr würde nicht zugehört werden. Und ihr Verhalten zeige, dass sie kein Durchhaltevermögen habe.

Als sie alles bedacht und gedreht und gewendet hat, fühlt Lina sich wie befreit: »Ich denke, das ist die richtige Entscheidung. ENDLICH kann ich mich jetzt mit vollem Einsatz für *eine* Sache einsetzen, muss nicht weiter zweigleisig fahren.«

Zum Abschluss schreibt Lina der Schulgemeinschaft einen offenen Brief:

Ich weiß, dass es unserem Planeten nicht weiterhelfen wird, wenn ich weiter Zeit in die Schule investiere. Mir ist durchaus bewusst, dass Menschen mit Abitur in unserer Gesellschaft oft als »wertvoller« oder als »gebildeter« gelten (das erschließt sich mir nicht), trotzdem kann und will ich nicht glauben, dass das bedeutet, dass nur diese Menschen ihre Stimmen gegen die Klimakrise erheben können und sich damit Gehör verschaffen. Um weiter Aktivistin zu sein, ist es nicht wichtig, ob ich vier Monate mehr oder vier Monate weniger in der Schule verbringe.

Lina packt ihre Siebensachen zusammen, nimmt Abschied von der Schulzeit in Lünen, von ihrer Jahrgangsstufe, den anderen Schülerinnen und Schülern und dem Kollegium. All den Menschen, die sie im Hungerstreik und danach bewegend unterstützt haben, und auch von ihrer Zeit des Klima-Engagements in Dortmund. Sie zieht nach Berlin. Endlich ist sie frei, von morgens bis abends und von abends bis morgens ihre Zeit in die Abwendung der Klimakatastrophe zu stecken.

Pipeline abdrehen erregt leider wenig(er) öffentlichen Aufschrei

In Vollzeit organisiert Lina fortan den Widerstand der *Letzten Generation*, diskutiert mit anderen, die sich engagieren, über die richtige Strategie, hält Vorträge, reist durchs Land. Klebt sich, wieder und wieder, bei Straßenblockaden auf den Asphalt, sprüht Farbe an Parteizentralen und dreht die Ventile von Pipelines zu.

»Unter Lina Eichlers Füßen verläuft die Pipeline »Freundschaft«, die Deutschland in Spitzenjahren mit 22 Millionen Tonnen russischem Rohöl versorgt. Das sind 25 Prozent des deutschen Bedarfs. Eichler legt konzentriert ihre Hände auf das Absperrrad eines Notventils der Pipeline, guckt ihren Mistreiter Raúl Semmler an und dreht das Rad dann mehrere Male im Uhrzeigersinn, um den Ölfluss zu unterbrechen. Eichler läuft rüber zu einem zweiten Notventil, dreht auch das zu.«[45]

Der freie Journalist Raphael Thelen hat Lina im April 2022 begleitet und eine Reportage über die Pipeline-Aktion geschrieben, aus der das oben stehende Zitat genommen ist. Wie vielfältig die Wirkungen solcher Aktionen sein können, zeigt sich auch darin, dass Raphael Thelen, der neben der *ZEIT* für viele große Medien, u. a. auch für den *SPIEGEL*, arbeitete, im Januar 2023 den Journalismus verlässt. Er wechselt die Seiten und ist fortan selbst ein Teil der *Letzten Generation*. Er begründet diesen Schritt damit, dass die Medien Teil des Klimaproblems seien, weil sie die Klimakrise zu sehr als ein Spezialthema behandeln – und zu wenig als ein großes Thema, das alle Menschen angeht. Ähnlich wie Jörg Alt hat Raphael Thelen erkannt, dass er nicht länger zusehen, bloß kommentieren und abwarten kann. Dass er an seinem Platz alles tun muss, tun will, was in seinen Möglichkeiten steht.

*

Wie immer wird die Pipeline-Aktion zunächst direkt, vertraulich von Jörg Alt der Bundesregierung und ggf. den zuständigen Fachpolitiker:innen des Bundestags kommuniziert, später dann öffentlich angekündigt:

Sehr geehrte Bundesregierung,
wir finden es schade, dass Sie auf unser dringendes Anliegen, unser Überleben und das Bestehen der Zivilisation zu schützen, in unserem letzten Brief vom 30. März 2022 nicht reagiert haben.
Ab kommender Woche werden wir die Pipelines von Öl und Gas, die durch unser Land fließen, friedlich abdrehen, um uns mit unseren Körpern und mit Namen und Gesicht dem fossilen Wahnsinn in den Weg zu stellen. Um unsere mehrwöchigen Proteste auf den Straßen Berlins und nun in Frankfurt im Herzen der Finanzierung des fossilen Wahnsinns zu unterstützen, weiten wir unseren Protest auf fossile Infrastruktur aus. Wir tun dies, da leider von Ihrer Seite kein Stopp der Zerstörung geplant, dieser aber zwingend not-

wendig ist, damit die junge Generation eine Überlebenschance hat. Dabei stehen wir mit unserem Namen und Gesicht voll und ganz für die Konsequenzen ein. Wir gehen absolut gewaltfrei und friedlich vor, denn es ist uns ein hohes Anliegen, keine Menschen zu gefährden oder gar zu verletzen.

An diesen Orten wird die Zerstörung unserer Lebensgrundlagen durch den fossilen Wahnsinn sichtbar. Die Öffentlichkeit mag denken, dass es sich bei den Pipelines um Privateigentum handelt, aber das ist nur eine Täuschung. Tatsächlich steht der dortige Fluss von Öl und Gas unter staatlichem Schutz und wird von Ihnen befeuert. Kein Öl oder Gas könnte ohne Ihre Genehmigung und Ihre Unterstützung fließen. Diese Zerstörung muss gestoppt werden. Durch Sie – oder durch uns.

In dringender Aufforderung,

Die Bürger:innen der Letzten Generation[46]

Am Ende der Pipeline-Aktionen wird die Bewegung *Letzte Generation* leicht verstört feststellen: Wenn wir tun, wozu wir beständig aufgefordert werden, und unseren Protest bei den Verursachern, der fossilen Industrie, platzieren, dorthin, wo die Klimakrise verursacht wird, dann ist das öffentliche Interesse gering. Viel geringer als bei einer Straßenblockade.

Wie kann das sein?

Am Ende ihrer Aktion in Brandenburg werden Lina Eichler und Raúl Semmler verhaftet und in polizeilichen Gewahrsam gebracht. Erst bleibt Lina eine Nacht im Gewahrsam. Als sie am nächsten Tag von der Zelle in den Gerichtssaal gebracht wird, weint sie vor den Polizisten und der Richterin. Sagt, dass sie das alles auch für deren Kinder mache. Und dass sie weitermachen werde. Die Richterin entscheidet, dass Lina vier Tage in Gewahrsam bleibt.

Polizeilicher Gewahrsam ist für Lina eines der schrecklichsten Folgen ihres Engagements überhaupt: »Im Gewahrsam gibt es meist nur einen gefliesten Raum, mit Glück auch eine Matratze. Im Gefängnis gibt es Hofgang, Bücher, Zettel, Stifte. Die Zelle wird aufgeschlossen. Im Gewahrsam sitzt man wirklich 24 Stunden in einer weiß gefliesten Zelle und kann nichts machen. Gar nichts.« Immerhin bekommt Lina in diesem Fall am zweiten Tag endlich ein Buch ausgehändigt, nach dem sie lange gefragt hat. Am nächsten Tag darf sie telefonieren, sogar ausnahmsweise eine ganze Stunde und nicht wie sonst üblich nur zehn Minuten. Einige Menschen sind freundlich zu ihr. Weil sie so viel weinen muss, als sie mit Henning telefoniert, schiebt ihr die wachhabende Polizistin eine Packung Taschentücher und einen Mülleimer zu. »Es waren einfach zu viele Taschentücher, die ich gebraucht habe …«, lacht Lina bei der Erinnerung an diese Tage im Brandenburger Gewahrsam. Danach darf sie duschen und Zähne putzen und wird dann entlassen, weil Zweifel an der Rechtmäßigkeit der Präventivhaft bestehen.

So schrecklich Lina das alles findet, weiß sie doch, dass sie die Schrecken der Zukunft abwenden muss: »Was ist meine Angst im Gewahrsam gegen das, was an Angst kommt, wenn wir die Klimakrise nicht aufhalten?«, ist sie überzeugt.

Nicht nur ihre Überzeugung, für das Richtige einzustehen, hilft ihr, mit den Schrecken in den gefliesten Zellen umzugehen. Ihr hilft auch, die Gewahrsamnahme als eine Konsequenz ihrer selbstbestimmten Entscheidung zu sehen, zivilen Ungehorsam zu leisten, um für alle Menschen eine bessere Zukunft zu erstreiten. »Wir brauchen diese Gewahrsamnahmen, damit unsere Aktionen wirken. Gleichzeitig zeigt die staatliche Maßnahme, dass es unverhältnismäßig ist, Menschen einzusperren, die eigentlich nur für ihr Überleben kämpfen wollen.«

Erste Gerichtsverhandlung. Wer sind die Kriminellen?

Lina versucht alles, um die Menschen wachzurütteln. Mit einer Freundin zusammen klebt sie sich im August 2022 in der Gemäldegalerie in Berlin an den Rahmen eines Gemäldes. Sie will darauf aufmerksam machen, dass es bald keine Orte mehr geben könnte, wohin man sich vor der Klimahölle flüchten kann. Deswegen haben die beiden das Gemälde »Ruhe auf der Flucht nach Ägypten« von Lucas Cranach dem Älteren (1472–1553) gewählt.

Wegen all dieser Aktionen bekommt Lina bis zum Januar 2023 um die 30 Anzeigen. Am 5. Januar hat sie ihre erste Gerichtsverhandlung in Berlin. Weil es ursprünglich bei dieser Verhandlung auch um die Aktion in der Gemäldegalerie gehen soll, hat sich besonders viel Presse angekündigt. Die Zeitung *DIE WELT* wird am nächsten Tag unter dem Titel: »›Fragen wir uns, wer die wahren Kriminellen sind‹, fordert die Straßen-Blockiererin« berichten. Die Zeitung zitiert damit einen zentralen Satz aus Linas Einlassung vor Gericht:

> Ich habe jahrelang mit Megafon in der Dortmunder Innenstadt versucht, die Alarmglocken zu läuten. Andere versuchen das seit 30 Jahren. Es wurden viele Wege beschritten, auf diese noch nie zuvor da gewesene Katastrophe aufmerksam zu machen. Man sollte das, was man im üblichen Rahmen tun kann, auch immer zuerst versuchen. Wenn es allerdings misslingt, dadurch des Problems Herr zu werden, sich sogar die Lage verschlimmert und für unsere Spezies nun wenig Zeit bleibt, dann müssen wir auch bei den Warnungen in den Notfallmodus schalten. Denn ohne Störung verdrängen die Menschen das Problem.
>
> Wir sind nicht die letzte Generation auf diesem Planeten, aber die letzte Generation, die noch Einfluss auf das Ausmaß dieser Kata-

strophe hat. Und deswegen stören wir unignorierbar. Wir sind der Alarm. Wir schlagen Alarm, weil es so nicht mehr weitergehen kann.

Das hat in der Vergangenheit bei Bürgerbewegungen funktioniert: Alarm schlagen. Friedliche, schnelle Veränderungen, die von der Gesellschaft eingefordert werden, können passieren. Wenn alle darüber sprechen, dann wird sich etwas ändern. Denn die Menschen wollen nicht, dass ihre Kinder in Krieg und Hunger enden. Ihnen muss nur aus der Verdrängung geholfen werden. Diese Hilfen brauchte es in der Geschichte immer wieder: Damit Frauen wählen dürfen, zerschnitten die Suffragetten Gemälde. Damit Schwarze wählen dürfen, blockierten Bürgerrechtler in den Vereinigten Staaten von Amerika Straßen, Busse, Geschäfte. Und sie wurden dafür eingesperrt. Martin Luther King war damals bei einer großen Mehrheit der Bevölkerung extrem verschrien, wurde am Ende für sein Handeln ermordet – und wird heute gefeiert.

Nach § 34 StGB ist der (rechtfertigende) Notstand die Abwehr, die erforderlich ist, um eine gegenwärtige Gefahr von sich oder einem anderen abzuwenden. Ein Notstand liegt vor, wenn sich der Täter aufgrund der Umstände gegen einen anderen wehren darf, um so den Schutz der betroffenen Rechtsgüter zu wahren.

Würden Sie Frau Richterin die Klimakatastrophe als Notstand begreifen? Einen Notstand, auf den wir friedlich aufmerksam machen müssen? Prüfen Sie, ob die Regierung sträflich wenig tut und daher mein Handeln angemessen ist?

Fragen wir uns, wer die wahren Kriminellen sind: die, die unsere Lebensgrundlagen unwiederbringlich zerstören, oder die, die darauf aufmerksam machen?

UN-Generalsekretär António Guterres spricht davon, dass die wahren Radikalen Regierungen sind, die neue Öl- und Gasfelder eröffnen.

Also: Ich habe die hier aufgelisteten Taten begangen. Sie sind aus meiner Sicht nicht verwerflich, sie sind nötig und zielführend. Sie dienen dem Aufrechterhalten von Recht und Gesetz durch die Auseinandersetzung mit dem wohl größten Verbrechen der Menschheitsgeschichte: dass wir immer weiter tödliche Gase ausstoßen. Ich habe in dem Wissen gehandelt, dass ich irgendwann hier, wo ich gerade stehe, landen werde. Sie mögen nun entscheiden, ob das, was ich getan habe, kriminell war: Alles liegt klar auf dem Tisch. Sprechen Sie mich frei, folgen Sie der Einschätzung des UN-Generalsekretärs. Erscheint Ihnen die Klimarealität unbedeutend, dann verurteilen Sie schnell und ohne Gnade. So verlieren wir keine weitere Zeit.

Der Prozess in Berlin, der an diesem Tag letztlich nur einige Straßenblockaden im Fokus hat, wird am Ende eingestellt. Zum Unwillen von Lina. Sie möchte eine Verurteilung oder einen Freispruch, nur dadurch wäre die Justiz gezwungen, Stellung zu beziehen. Stellung zu nehmen zu dem Notstand, auf den Lina sich beruft.

Eines der Delikte, wegen deren der Staat irgendwann gegen Lina Eichler verhandeln wird, begeht sie am 16. August 2022, als sie sich zusammen mit Jörg Alt und Henning Jeschke auf einer zentralen Straße Nürnbergs anklebt.

Gemeinsam in Nürnberg festkleben

Am 16. August 2022 twittert die *Letzte Generation:*

@AufstandLastGen
Jesuiten-Pater Jörg Alt blockiert gemeinsam mit #LetzteGeneration und @XR_Nuernberg den Nürnberger Altstadtring. »In der Klimakatastrophe ist es die Pflicht der Kirche, die Regierung an ihre moralische Verantwortung gegenüber den Menschen zu erinnern«, sagt @JoergAltSJ.

Warum hat Jörg Alt seine Meinung geändert, seine Vorbehalte gegen Straßenblockaden überwunden und sich selbst mit an die Straße angeklebt?

Ein Streitpunkt zwischen Henning Jeschke und Jörg Alt war stets die Frage gewesen: Wie viel Zeit haben wir noch, um die Dinge aufzuhalten, zu verlangsamen oder gar umzukehren. Henning zitierte immer wieder Sir David King, der der Menschheit auf dem Hintergrund seiner jahrzehntelangen Erfahrung nur noch drei Jahre gab, um das Ruder herumzureißen, radikal gegenzusteuern und dringend erforderliche Maßnahmen einzuleiten.[47] Jörg Alt gehörte zu denen, die dies zwar für eine gewichtige Einzelmeinung hielten – die aber nicht wissenschaftlicher Konsens sei.

Im Februar 2022 las er, wie der Leitautor einer Teilpublikation des aktuellsten Weltklimarat-Sachstandsberichts, Prof. Hans-Otto Pörtner, folgende Aussage traf: »Wir befinden uns jetzt in der entscheidenden Dekade. Alle Schritte, die jetzt getan oder unterlassen werden, sind entscheidend für die Zukunft der Menschheit«,[48] und dachte: »Zehn Jahre sind knapp genug …«

Dann, nur zwei Monate später, kam die letzte Teilpublikation des Sachstandsberichts, in der es plötzlich hieß: Wenn wir die globale Erwärmung in einem gestaltbaren Rahmen halten wollen, müssen spätestens ab 2025 (!) die globalen Treibhausgas-Emissionen sinken und bis 2030 um 43 % reduziert werden.[49] Auf einmal waren die drei Jahre Handlungslimit, von denen Henning Jeschke und andere immer wieder gesprochen hatten, Teil des wissenschaftlichen Konsenses!

Es sah aber nicht danach aus, dass von den Verantwortlichen dementsprechend gehandelt würde: Ein einheitliches Klimapaket der Bundesregierung scheiterte, weil die Ministerien »Bau« und »Verkehr« nicht rechtzeitig lieferten. Als beide Ministerien im Juli 2022 ihre »Sofortprogramme« vorlegten, wurde deutlich, dass das Bauressort, vor allem aber das Verkehrsressort die Minderungsziele krachend verfehlen wird, wie Jörg Alt es ausdrückt.[50] Hinzu kam schlussendlich, dass Jörg Alts Buch »Widerstand!«[51], welches eine Legitimation der Aktionen der *Letzten Generation* sein sollte, auf der Zielgerade war. Zeit also, Henning Jeschkes Spruch zu folgen, den Jörg Alt immer wieder zu hören bekam: »Butter bei die Fische – schließ dich den Blockaden an.«

*

Um 100 Sekunden vor zwölf ging an diesem Hochsommertag in Nürnberg vor dem Bahnhof stundenlang nichts mehr. Der Zeitpunkt ist mit Bedacht gewählt, symbolisiert die Weltuntergangsuhr, die auf ganz, ganz kurz, eben auf 100 Sekunden, vor zwölf steht.

16 Menschen kleben sich auf den Frauentorgraben, eine der Hauptverkehrsadern von Nürnberg. *Extinction Rebellion* und die *Letzte Generation* haben zu der Blockade aufgerufen.

Der Verkehr wird umgeleitet, Straßenbahnen fahren nur eingeschränkt, Menschenmassen werden involviert. Fotos der Aktion zeigen einen bunten Protest. Jemand hat ein schwarzes Klavier auf den Frauentorgraben gerollt, eine Frau spielt vergnügt darauf. Picknickdecken sind auf dem Boden verstreut, viele Menschen halten Banner. Ein riesiges grünes Tuch spannt sich auf dem Grünstreifen zwischen zwei mehrspurigen Fahrbahnen, mit großen schwarzen Lettern hat jemand »Entschuldigen Sie die Störung, aber es geht ums Überleben« darauf gepinselt. Es gibt Jonglage, Aktivst:innen klettern auf Ampelmaste oder baumeln in sogenannten Tripods, in dreibeinigen Holzgestellen.

In der ersten Reihe klebt Jörg Alt mit einer Hand auf der Straße, vor sich hat er Bananen, Tomaten, Paprika und einen Hokkaidokürbis auf die Straße gehäuft. Inzwischen wird er bundesweit als »Container-« oder »Protest-Pater« bezeichnet, in Nürnberg, wo er lebt, ist er bekannt wie ein bunter Hund. Viele kennen seine Containeraktion bei Supermärkten für ein neues Lebensmittelgesetz. Ein Jesuit aus Jörg Alts Gemeinschaft in Nürnberg fotografiert seinen festgeklebten Protest-Bruder aus nächster Nähe, ein weiterer Mitbruder demonstriert ungeachtet seiner 90 Jahre mit.

Die ganze Aktion löst heftige Reaktionen und noch größeren Widerspruch aus. Der CSU-Oberbürgermeister twittert nachmittags seinen Unmut.

@marcuskoenignbg

Heute haben sich sogenannte Aktivisten auf dem Bahnhofsplatz festgeklebt und damit den Verkehr – auch die Straßenbahn – lahmgelegt. Für mich sind das keine geeigneten Formen des Protests und des demokratischen Dialogs. Das ist ein gefährlicher Eingriff in den Straßenverkehr.

Unterdessen hat Jörg Alt eine Solidaritätserklärung von 40 jesuitischen und anderen Organisationen im Gepäck. Neue Unterstützerpost von seinen Mitbrüdern aus dem globalen Süden ist auch wieder angekommen.

Solidaritätserklärung

Anlässlich der heutigen Blockade als Aktion des gewaltfreien zivilen Widerstands in der Stadt Nürnberg möchten wir uns an die deutsche Regierung und das deutsche Volk wenden:

Als Jesuiten und andere Stimmen aus dem globalen Süden haben wir unsere Partner im globalen Norden seit vielen Jahren darauf aufmerksam gemacht, dass Erderhitzung und Massenaussterben keine fernen Bedrohungsszenarien der Zukunft sind, sondern in unseren Teilen der Welt bereits tödliche Realität. Während in diesem Sommer in Europa Hunderte von Menschen an den hohen Temperaturen sterben, sind es im globalen Süden Tausende: Aber nicht nur an hohen Temperaturen, sondern auch an Hunger, Überschwemmungen, Stürmen oder an der Ausbreitung von Schädlingen und Krankheiten. Der jüngste Bericht des Weltklimarates IPCC ist so eindeutig wie die Aussagen des UN-Generalsekretärs Guterres und der deutschen Außenministerin Baerbock: Das nächste Jahrzehnt wird darüber entscheiden, wie viele Gebiete der Erde weiterhin für Lebewesen bewohnbar sein werden oder sich in Todeszonen verwandeln, in denen Millionen von Menschen von Tod und Verletzung bedroht sind und Milliarden von Menschen ihr Zuhause und ihre Lebensgrundlage verlieren werden. Deshalb müssen wir das derzeitige, auf fossilen Brennstoffen basierende sozio-ökonomische Paradigma jetzt beenden und den erforderlichen, politischen, sozio-ökonomischen und kulturellen Wandel hin zu einem gerechten und nachhaltigen Handeln innerhalb der planetarischen Grenzen beschleunigen.

In Anbetracht der Tatsache, dass Konferenzen, Veröffentlichungen, Briefe und andere Formen der Fürsprache keinen angemessenen Wandel herbeiführen konnten, begrüßen wir Formen des gewaltfreien zivilen Ungehorsams und zivilen Widerstands als Mittel und Aktionen, die die Medien, die Öffentlichkeit sowie die Verantwortlichen in Wirtschaft und Politik zwingen, innezuhalten und über den Kurs nachzudenken, auf dem wir uns befinden, und über die Maßnahmen, die wir treffen müssen.
Wir begrüßen daher die Beteiligung von Jesuiten an Aktionen des gewaltfreien zivilen Ungehorsams wie der Entnahme von Lebensmitteln aus Müllcontainern und deren Verteilung an Bedürftige. Wir unterstützen die damit einhergehende Forderung nach einer Reform und Umgestaltung der globalen Nahrungsmittelproduktion und -verteilung. Wir begrüßen auch die Beteiligung der Jesuiten an Aktionen des gewaltfreien zivilen Widerstands wie der heutigen Blockade.
Wir unterstützen die begleitenden Forderungen nach Veränderungen in der Mobilität, z.B. die Reduzierung des Auto- und Flugverkehrs und dessen Ersatz durch effiziente und bezahlbare öffentliche Verkehrsmittel. Wir sind dankbar für alle anderen kirchlichen und nichtkirchlichen Gruppen, die sich an solchen Aktionen beteiligen und damit Verhaftung, Strafverfolgung, Geld- und Freiheitsstrafen riskieren. Wir rufen die deutsche Bevölkerung auf, sich an der sozial-ökologischen Transformation zu beteiligen, da es eine der reichsten und technologisch fortschrittlichsten Nationen auf der Erde ist.
Wenn Deutschland erfolgreich ist, wird man ihm folgen. Wenn Deutschland sein Gewicht innerhalb der G7 und der Europäischen Union dafür einsetzt, wird das Konsequenzen haben. Wir fordern die deutsche Regierung auf, die Warnungen und Ratschläge der Wissenschaft mehr zu beherzigen als die Warnungen und Ratschläge der Lobbyisten privater und unternehmerischer Vermögensbesitzer.

Jörg Alt sitzt außen am Fahrbahnrand. Er trägt ein hellgraues Hemd und hat seinen schmalen, weißen Priesterkragen unter dem Hemdkragen angelegt. Neben ihm hat sich Henning Jeschke angeklebt, an seiner Seite klebt eine Hand von Lina Eichler. Beide tragen knallorangefarbene Warnwesten. Eine Journalistin fragt das Trio, ob sie nicht furchtbar frustriert seien, weil sie letztlich doch nichts ändern könnten.

Können sie das wirklich nicht? Das sehen alle drei, jede und jeder auf ihre oder seine Weise anders.

WARUM FALSCHE HOFFNUNG FEHL AM PLATZ IST

»Plötzlich fiel mir auf, dass diese kleine Erbse, hübsch und blau, die Erde war. Ich streckte meinen Daumen hoch und schloss ein Auge, und mein Daumen verdeckte den Planeten Erde. Ich fühlte mich nicht wie ein Riese.
Ich fühlte mich sehr, sehr klein.«

Neil Armstrong

Es ist der 21. Juli 1969, an dem sich Neil Armstrong so winzig fühlt. Der amerikanische Astronaut betritt den Mond und auf der Erde schauen ihm 500 bis 600 Millionen Menschen an den Fernsehbildschirmen gebannt zu.

Alle gemeinsam erleben einen Wendepunkt für die Menschheit, alle schlagen gemeinsam ein neues Kapitel Menschheitsgeschichte auf. Eines, dass der Glaube an die Möglichkeiten technischen Fortschritts geradezu ins Unermessliche wachsen lassen wird.

Für diesen Wendepunkt mitverantwortlich: eines der berühmtesten und vermutlich auch am meisten gedruckten Fotos mit dem Titel »Earthrise«, auf Deutsch »Erdaufgang«. Aufgenommen hat das Bild am 24. Dezember 1968 einer der Astronauten von Apollo 8, während ihr Raumschiff viele Male den Mond umkreiste. Später soll einer aus dem Team gesagt haben, in jenem Moment habe sich das Bild, das er sich über seine Mission gemacht hatte, komplett geändert. Aufgebrochen sei er, um auf den Mond zu fliegen. In jenem Moment, als er die Erde über dem Mond »aufgehen« sah, habe er begriffen, dass die Mission eigentlich hätte heißen müssen: »Wir fliegen ins All und schauen auf die Erde zurück.« In der Tat war es das erste Mal, dass es Menschen möglich war, die Erde als Planeten zu betrachten. Durch das Foto vom »Erdaufgang« schauten Menschen auf der ganzen Welt mit anderen Augen auf ihre Erde.

Immer wieder haben auch später Astronauten beschrieben, dass der Anblick der Erde sie ergriffen hat. Sie waren ergriffen von der ungeheuren Schönheit des Blauen Planeten und ebenso von seiner ungeheuren Verletzlichkeit.

Durch das Foto teilten Menschen weltweit beide Empfindungen für ihren Planeten beim Betrachten der Erde aus dem All. Sie bekamen ein neues Gefühl für seine Schönheit und sie ahnten vermutlich auch in besonderer Weise bereits seine Zerbrechlichkeit.

Wache Zeitzeugen erkannten bald die epochale Bedeutung dieser Aufnahmen. Günther Anders z. B., ein deutsch-österreichischer Philosoph, Dichter und Schriftsteller, der zeitweise mit Hannah Arendt verheiratet war. Er reflektierte in seinen Schriften, welche ethischen Fragen die neuen technischen Errungenschaften mit sich brachten. Und Günther Anders engagierte sich führend in der Anti-Atomkraft-Bewegung, galt als Technik- und Medienkritiker. Hellsichtig hat er 1970 ein ganzes Buch geschrieben über die Bedeutung der Aufnahme, die die Astronauten auf die Erde geschickt hatten: *Der Blick vom Mond.* In diesem Buch betont er, dass das entscheidende Ereignis nicht die Erreichung ferner Regionen des Weltalls oder des Mondes sei – sondern dass die Menschen zum ersten Mal die Möglichkeit hatten, sich selbst auf eine besondere Weise zu begegnen, weil sie einen Blick für das große Ganze bekamen, den Planeten, auf dem sie lebten.

Nur zwei Jahre später erschien eine Studie, von anderen wachen, weit-, vielleicht sogar auch hellsichtigen Zeitgenossen in Auftrag gegeben: »The Limits to Growth. A Report for the Club of Rome's Project on the Predicament of Mankind« – »Die Grenzen des Wachstums. Bericht des Club of Rome zur Lage der Menschheit«. Diese Studie zur Zukunft der Weltwirtschaft wurde am Massachusetts Institute of Technology erstellt und vom Club of Rome in Auftrag gegeben. Finanziert wurde sie von der Volkswagenstiftung. Schon damals ging es darum zu zeigen, dass all unser individuelles Handeln an all den unterschiedlichen Orten auf der Welt nur scheinbar lokale Ereignisse ist. Sie wirken sich in Wirklichkeit auf der ganzen Erde, die gesamte Menschheit aus. Über eine Computersimulation haben Donella und Dennis Meadows und deren Mitarbeiter damals unterschiedliche Entwicklungen durchgespielt. Zugrunde gelegt haben sie fünf sich global auswirkende Parameter: Hunger und Unterernährung, zerstörter Lebensraum, das Wachstum der Bevölkerung, der Umgang mit und die Ausbeutung von Rohstoffen und die Industrialisierung.

Schon 1972, vor über einem halben Jahrhundert, kam die Studie »Die Grenzen des Wachstums« zu dem Schluss, dass innerhalb von 100 Jahren absolute Wachstumsgrenzen erreicht werden, wenn die Welt sich so weiterentwickelt, wie sie das damals tat – mit Blick auf Industrialisierung, Umweltverschmutzung, Nahrungsmittelproduktion, Ausbeutung der Rohstoffe und Bevölkerungswachstum.[52]

*

Am 30. Dezember 2022, genau ein halbes Jahrhundert nach Erscheinen der Studie, meldet der Deutsche Wetterdienst ein außergewöhnliches Wetterjahr: erneute Rekordhitze und Dürremonate, ein Niederschlagsdefizit und einen Anstieg der sogenannten Jahresmitteltemperatur. Der *Europäische Copernicus Climate Change Service* stellt am 9. Januar 2023 fest, dass 2022 der heißeste europäische Sommer seit Beginn der Wetteraufzeichnungen im Jahr 1881 war und damit den bis dato heißesten europäischen Sommer 2021 noch übertrifft.[53] Diese Messungen reihen sich ein in Jahrzehnte, in denen es im Durchschnitt immer in allen Ländern heißer wurde und in die Atmosphäre jedes Jahr neue, steigende Riesenmengen gefährlicher Treibhausgase ausgestoßen wurden.

Wie konnte das passieren? Wie konnte die Menschheit sehenden Auges auf diesen Hitzealbtraum zusteuern? Und das, obwohl die Fakten und die Warnungen seit 50 Jahren auf dem Tisch lagen?

Die Antworten auf diese Fragen machen in etwa so viel Freude wie ein Besuch beim Zahnarzt, wenn eine schmerzhafte Wurzelbehandlung auf der Agenda steht – oder gleich mehrere in Folge. Genug der Warnhinweise. Was ist passiert?

Katastrophe mit Ansage. Und wider besseres Wissen noch dazu

Dass sich eine derartig vielschichtige Katastrophe trotz aller Warnungen anbahnen konnte, hat ebenso systemische und systematische, aber auch individuelle und kollektive Gründe. Es ist ein komplexes Geschehen. Ein zentraler Punkt in einem Gruselkabinett von Gründen ist die gezielte Verschleierung und Desinformation.

Im Januar 2023 schauen viele Redaktionen in Deutschland auf noch eine Studie aus dem 20. Jahrhundert. Vom Magazin

Focus bis zur *taz* wird fast flächendeckend über eine Studie des Fachmagazin *Science* berichtet, die sich mit ExxonMobil, einem US-amerikanischen Mineralölkonzern, beschäftigt.

Diese Studie weist nach, dass ExxonMobil seit den späten 1970ern und frühen 1980ern überaus präzise Berechnungen der Klimakrise vorlagen, ja sogar, dass Teile der US-amerikanischen Öl- und Gasindustrie mindestens seit den 1950er-Jahren über die Gefahr Bescheid wussten. Einerseits.

Andererseits stellt die Studie fest, dass die Mehrheit der öffentlichen Mitteilungen von Exxon genau diesen Zusammenhang zwischen fossilen Brennstoffen und Klimaaufheizung infrage stellt. Teile der Ölindustrie lassen die Bevölkerung glauben, es gäbe keinen ursächlichen Zusammenhang zwischen fossilen Brennstoffen und der Erderwärmung. Während die Wissenschaft versucht, über die Zusammenhänge zu informieren, leugnet ExxonMobil die Tatsachen, belügt – wider besseres Wissen im Unternehmen – die Öffentlichkeit.[54]

Einen großen Anteil an der Klimakatastrophe hat also nicht nur, dass Teile der Ölindustrie ihre überaus genauen Berechnungen von fossilen Brennstoffen und Erderwärmung verschwiegen haben. Verschärfend hinzu kam die systematische, jahrzehntelange Desinformation.

Es wäre aber zu leicht (und zu leichtfertig), nur auf den Lobbyismus zu schauen. Fleißig mit angeheizt haben das Klimafeuer die Medien; durch das, worüber sie berichten, respektive nicht berichten. Auch wichtig: *wie* sie berichten.

Wenn *die* Medien, die es so pauschal natürlich genauso wenig gibt wie *die* Politik oder *die* Unternehmen, über den Klima*wandel* berichten, fängt das Problem schon beim Namen an. Wandel suggeriert etwas sanftes, eine langsame Veränderung. Vielleicht sogar eine gute. Der »Klimawandel« ist aber schon lange eine Klimakrise bzw., noch präziser, eine Klimakatastrophe. Aber nur wenn angemessene Begriffe benutzt werden, kann die Bedeutung des Geschehens angemessen verstanden werden. Und nur dann kann angemessen gehandelt werden.

Vielleicht hilft es, wenn wir abstrakte Begriffe immer wieder mit konkreten Folgen für Menschen verbinden: erzwungene Massenflucht, Anstieg von Armut und Kriegen. Letztlich ein voranschreitendes Massensterben von Tieren und Pflanzen wie auch von Menschen.

Neben einer jahrzehntelangen Berichterstattung unter dem beschönigenden Stichwort »Wandel« ist auch fragwürdig, *wie* fast immer berichtet wird. Wir sehen Bilder, viele, viele Bilder. Wir sehen immerfort Eisbären im Schmelzwasser, überschwemmte Hütten im globalen Süden und brennende Wälder in Australien. Vielleicht noch in Griechenland. All das ist nicht nur weit weg, sondern zeigt auch immer nur die Auswirkung der Klimakatastrophe. Nur überaus selten sehen wir einen Hinweis auf unser Wirtschaftssystem oder Bilder aus unserer unmittelbaren Umwelt. Wir sehen keine kilometerlangen Staus auf Autobahnen, obwohl der Individualverkehr den Löwenanteil an den Verkehrsemissionen trägt. Wir sehen keine Container voll mit Plastikkrimskrams, die aus Asien über die Meere verschifft werden und am Ende als Mikroplastikmüll das Leben in den Ozeanen ersticken lassen. Wann sehen wir zur Illustration der Klimakatastrophe Bilder sogenannter biogener CO_2-Emissionen? Als ob bei der Verbrennung von Biomasse, wie Holz oder Pellets, kein CO_2 freigesetzt würde. Mal ganz davon abgesehen, dass ein Baumbestand Jahre oder Jahrzehnte braucht, um nachzuwachsen. Und uns ist auch nicht deutlich genug, dass die Eröffnung neuer Terminals, keinesfalls eine gute Nachricht ist. In Wilhelmshaven ist der Betrieb im Dezember 2022 angelaufen, später auch in Lubmin an der Ostseeküste. Flüssigerdgas wird dort zunächst auf 163 Grad heruntergekühlt und dann in die

Energieversorgungsnetze geleitet. Jährlich sollen allein in Lubmin bis zu 5,2 Milliarden Kubikmeter fossiles Erdgas, das in Nordamerika gefrackt wurde, eingespeist werden. Bundeskanzler Olaf Scholz sagt bei der Eröffnung am 14. Januar 2023: »Wir kommen durch diesen Winter.« Und auf der Homepage der Bundesregierung wird das Ereignis unter der Seitenüberschrift »Energie und Klimaschutz« gewürdigt.[55]

In der Tat ist die Schnelligkeit, mit der die ersten zwei Terminals entstanden sind, und auch die Entschlossenheit, mit der die Verantwortlichen gehandelt haben, beeindruckend. Und durch die neuen Flüssigerdgas-Terminals wird man wohl die durch den Krieg in der Ukraine und das Kappen der russischen Gaslieferungen ausgelöste Energiekrise in den Griff bekommen.

Aber es ist ein Schritt in die völlig falsche Richtung! Ein weiteres Festhalten an fossiler Energie, deren Nutzung die Erde überhitzt und damit das Grundrecht auf Leben für alle Menschen, insbesondere das der nachfolgenden Generationen unterhöhlt.

*

Wenn uns die Bilder, die wir sehen, vortäuschen, dass die Katastrophe sich nur in weit entfernten Teilen der Erde abspielt, dass wir noch Zeit haben, die Wirtschaft tiefgreifend umzubauen, wiegt uns das in einer falschen Sicherheit. Denn indem wir einmal mehr Eisbären sehen, die auf kleiner werdenden Eisschollen unterwegs sind, wie sollen wir dann verstehen, dass *wir* es sind, die die Katastrophe verursachen, in die wir am Ende alle hineingeraten. Und das schon viel schneller, als die meisten erwarten. In den nächsten 10 bis 20 Jahren werden wir mit hoher Wahrscheinlichkeit weltweit viele weitere Flutkatastrophen, Missernten, Waldsterben, Pandemien, den Zusammenbruch von Lieferketten, Kämpfe um Rohstoffe, Nahrung und Wasser erleben. Die »Einschläge« kommen näher. Und wir gefährden nicht nur unser eigenes Leben, sondern vor allem auch das unserer Kinder und Enkel.

Mit unserem Handeln, dem Verharren in alten Gewohnheiten, den fatalen Auswirkungen exzessiver Nutzung fossiler Energie bringen wir nicht nur die Eisbären um ihre Lebensgrundlage. Wir sägen den Ast ab, auf dem wir sitzen. Wir berauben die Menschen, Tiere und Pflanzen – die gesamte Schöpfung – ihrer Lebensgrundlagen. Zur inhaltlichen Kritik an der Medienberichterstattung gesellt sich ein strukturelles Problem in der Art, wie Medien über das Klima berichten. Dies beschreibt auch Wolfgang Blau, der frühere Digitalchef bei Condé Nast International, einer Verlagsgruppe, die 143 Magazine in Europa, Asien und Lateinamerika herausgibt. Er hat nicht nur eine umfangreiche Innensicht über den Medienbetrieb, sondern ist heute Gastforscher am Reuters Institute for the Study of Journalism, Mitgründer des neuen »Oxford Climate Journalism Network« und beschäftigt sich intensiv mit Fragen zu Klimakrise und Journalismus. Wolfgang Blau sieht ein enormes Defizit in Sachen Klimakatastrophe bei den Medien.[56] Auch die Journalistin Sara Schurmann beschäftigt sich seit Jahren mit dem Klimathema. Sie fordert vor allem, dass Journalist:innen sich mehr Wissen aneignen und dass mehr Journalist:innen zum Thema arbeiten. Im Interview mit der brandenburgischen Landeszentrale für politische Bildung stellt sie fest, dass es in vielen Politik- und Wirtschaftsredaktionen an Fachwissen mangelt. »Dabei betrifft die Klimakrise, die unsere Lebensgrundlagen bedroht, jeden gesellschaftlichen und damit auch journalistischen Bereich.«[57]

Wenn mehr Medienschaffende mehr über die Klimakatastrophe wüssten, würde vielleicht endlich auch adäquater, noch umfassender über die Krise berichtet. Denn natürlich begreifen wir das Ausmaß der Katastrophe auch deswegen nicht, da in jeder Zeitung, jedem Radioprogramm und in der bunten Onlinewelt anderen Themen viel mehr Raum zugestanden wird. Es wird beispielsweise umfangreich über königliche Dramen unter Brüdern, über Menschen, die in Dschungeln König werden wollen, oder was sonst in der Welt der Schönen und Reichen so passiert, berichtet. Was muss passieren, dass die Medien über die Klimakatastrophe so substanziell berichten wie über das Geschehen in der Corona-Pandemie, in der wir alle begreifen konnten, was ein R-Wert ist, was exponentielles Wachstum bedeutet und wie ein Virus mutiert. Wenn das bei einem Virus geht, der für einen Teil der Menschheit eine tödliche Bedrohung war, warum geht es nicht bei einer Katastrophe, die – wenn sich nichts ändert – für uns alle eine tödliche Bedrohung ist?

Vielleicht würden besser informierte Medienmacher:innen auch endlich aufhören, über geschönte CO_2-Statistiken zu berichten, und stattdessen all die vielen Tricks, Gaunereien und Greenwashing-Strategien in den Fokus nehmen, die nicht nur Unternehmen, sondern auch ganze Nationen anwenden.

Eigentlich ist alles aber noch schlimmer

An dieser Stelle braucht es ein bisschen Mut. Auf unserer Tour d'Horizon durch das Gruselkabinett der Klimakrisen-Nebelkerzen müssen wir über Statistik sprechen. Das deutlichste Wort ist wohl: Statistikbetrug. Massenhafter und planvoller Betrug.

Im Moment werden zwar munter CO_2-Statistiken, beispielsweise für Deutschland oder Frankreich, Klimaberechnungen zugrunde gelegt und auf dieser Grundlage dann Strategien entworfen. Aber wer weiß schon, was die Statistiken der Länder beinhalten bzw. was die Verantwortlichen einfach alles in ihren Berechnungen auslassen? Wer weiß beispielsweise, dass internationale Flug- und Schiffsreisen emissionstechnisch national bislang überhaupt nicht zu Buche schlagen? Nicht ein einziges Gramm CO_2 schlägt zu Buche – weil weder der Kerosinverbrauch der Flugzeuge noch der Schiffsdiesel, der verbrannt wird, einem bestimmten Land zugeschrieben werden. Weder dem Land, in dem die Reise beginnt, noch dem Zielort. Und auch nicht dem Stammland der Unternehmung, die die Maschinen baut oder betreibt. Kaum zu fassen!

Denn dies bedeutet, dass damit all die Berechnungen, die uns die Regierung mit Blick auf die Klimabilanz vorlegt, schlicht unvollständig und damit fehlerhaft sind! Denn wenn wesentliche Elemente überhaupt nicht berücksichtigt werden, stimmt die Treibhausgas-Bilanz am Ende doch auf gar keinen Fall!

Ein anderes Beispiel: Wer weiß schon, wie Emissionen, die bei der Herstellung von Exportgütern entstehen, welchem Land zugeordnet werden? Wenn deutsche Firmen in Afrika oder China produzieren lassen, ist das gut für die deutsche CO_2-Statistik. Und gleichzeitig sind solche Statistiken auch eine riesige Vernebelungstaktik. Entsprechend gibt es den Vorschlag, Emissionen dem Land zuzuordnen, in dem produzierte Güter konsumiert werden – dann würde Deutschland deutlich vor China stehen![58]

Aber selbst wenn alle realen Emissionen von Landwirtschaft, Industrie, Energieproduktion und Verkehr, die für den Löwenanteil der Emissionen verantwortlich sind, erfasst werden würden, fehlte eine Emissionsquelle immer noch: das Militär. Und zwar in allen Statistiken aller Nationen. Ausgerechnet! Ist es doch ein Energiefresser par excellence!

Wir ahnen, dass auch das Militär ein großer Verursacher von Treibhausgasemissionen ist. Aber niemand weiß genau, welches Ausmaß das Ganze hat. Schätzungen gehen von 1 bis 5 % der weltweiten Emissionen aus. Das ist vergleichbar mit den Zahlen der Luft- und Schifffahrtsindustrie (die jeweils 2 % der Emissionen ausmachen). Und dennoch werden die Emissionen, die durch die Streitkräfte verursacht werden, in der Berichterstattung weitgehend außen vor gelassen! Die Zeitschrift *Nature* berichtet, dass allein der Treibstoffverbrauch des US-amerikanischen Luftwaffe dem von sechs Millionen US-Pkws entspricht.

Wenn man sich länger mit der Thematik beschäftigt, merkt man, dass die Berechnungen und Übersichten zum Thema CO_2-Ausstoß alles andere als vollständig sind. Oder dass manches nicht dort erfasst wird, wo es eigentlich hingehört. Aber macht es für die Erde irgendeinen Unterschied, welcher Staat welche Emissionen berechnet – oder überhaupt berechnet? Natürlich nicht.

Rechnet man alles, was weggelassen wird, zusammen, dann gehen Schätzungen davon aus, dass ca. 23 % aller relevanter Emissionen erst gar nicht in Statistiken auftauchen. Manche Länder rechnen bis zu 66 % relevanter Emissionen aus ihren Statistiken heraus und die verbleibenden 33 % werden als Maßstab für Maßnahmen genommen, die Emissionen zum Sinken zu bringen.[59]

Völlig unbeeindruckt von menschlichen Statistikbetrügereien (wer welche Mengen wann und warum verbraucht), wird das verfügbare »CO_2-Budget« der Erde, von dem Klimaschützer:innen völlig zu Recht sagen, dass wir ein solches ja gar nicht mehr haben, einfach aufgezehrt.

Bis zum Jahr 2045 soll Deutschland Treibhausgasneutralität erreichen. Dann soll ein Gleichgewicht zwischen Treibhausgasemissionen und deren Abbau herrschen. Aber dann ist es mit Blick auf die Kipppunkte, die bis dahin überschritten wurden, zu spät.

Und wie sollen wir einen Ausweg aus einer Katastrophe finden, wenn wir ständig nur – und auch noch in diesem Ausmaß – geschönte Problemanalysen bekommen? Wie soll das gehen?

Es ist zum Haareraufen! Denn die Lageberichte, Analysen und Prognosen, die uns vorgelegt werden, fallen nur deswegen nicht noch deutlich schlimmer aus, weil in den Statistiken so viel weggelassen wird. Gleichwohl wird jede Menge CO_2 munter in die Atmosphäre geblasen. Am Ende stellt man fest, dass manche Entwicklungen schon viel weiter fortgeschritten sind, als es prognostiziert wurde – weil die Datenbasis falsch war.

Aber selbst das, was zu unserer Beruhigung an Gegenmaßnahmen vorgestellt wird, die sogenannten CO_2-Kompensationen, sind ein schlechter Witz.

Neun Monate lang hat ein internationales Team der englischen Tageszeitung *The Guardian,* des Wochenmagazins von *DIE ZEIT* und *SourceMaterial,* einer investigativen, Non-Profit-Journalistenorganisation zum Thema CO_2-Kompensation recherchiert. Die Reporter:innen waren auf der ganzen Welt unterwegs, die Kolleg:innen von *DIE ZEIT* sind beispielsweise in die Niederlande, die USA und nach Peru gereist. Sie stützen sich in ihren Recherchen auf eine neue Analyse wissenschaftlicher Studien über sogenannte *Verras-Regenwaldprogramme* und überschreiben ihre Berichterstattung am Ende mit dem Satz »die Geschichte eines globalen Skandals«. Verra ist eine NGO, die Milliarden von Konzernen aus der ganzen Welt bekommt. Im Gegenzug erhalten die Konzerne und Unternehmen, von Gazprom bis Walt Disney über Volkswagen und Zalando, sogenannte CO_2-Zertifikate. Die Idee ist ganz einfach: Die Konzerne produzieren CO_2. Und statt selbst, des Klimas wegen, zu versuchen, CO_2 zu sparen, lassen sie einfach anderswo sparen, um so die eigenen Emissionen zu kompensieren. Ein feiner Deal für beide Seiten. Es könnte sogar ein echtes Win-win sein – wenn denn auch am Ende nicht nur auf dem geduldigen Papier, sondern auch tatsächlich CO_2 eingespart würde.

Das internationale Recherchetem kommt aber zu einem ganz anderen Schluss, *The Guardian* titelt: Das Recherchetem deckt auf, dass mehr als 90 % der Regenwald-Klimaschutzmaßnahmen des größten Anbieters, der NGO *Verra*, wertlos sind.«[60]

Ein riesiger Skandal. Einer unter so vielen anderen.

»Der Klimakanzler«. Oder irgendwo sind immer gerade Wahlen

Neben dem Lobbyismus der fossilen Industrie, den Bildern, die uns vorgaukeln, wir hätten noch Zeit, Statistikbetrug und manchem Augenwischerei-greenwashing in den Darstellungen großer Konzerne gibt es in unserem Klimaschutz-Verhinderungs-Gruselkabinett noch viele weitere Ursachen und Akteur:innen zu beleuchten, die uns in die Klimakrise gebracht haben.

Eine sehr wichtige Rolle spielen die Regierungen. Und zwar nicht nur die autokratischen Regime, die die Klimakrise oft komplett leugnen, und die nationalistischen Regierungen, die sich Klimaschutz und internationaler Solidarität verweigern, wie die Bolsonaros oder Trumps dieser Welt. Nein, wir müssen auch über Staaten sprechen, die auf eine gute Weise den Klimaschutz auf ihre Agenden setzen. Die Regierungen, die in Paris 2015 ein Klimaschutzabkommen unterzeichnet haben, die Berichte des *IPCC* lesen, die 2021 in Glasgow an der UN-Klimakonferenz teilgenommen haben oder mit dem Wahlslogan »Klimakanzler« antreten.

Um beim letzten Beispiel zu bleiben: Nun weiß man nie, was gewesen wäre. Man weiß also in diesem Fall auch nicht, was gewesen wäre, wenn Putin nicht am 24. Februar die Ukraine überfallen und die ganze Welt gezwungen hätte, sich dazu zu positionieren. Was wir wissen, ist, dass Olaf Scholz, der angesichts des Angriffskriegs eine Zeitenwende ausrief und ungeheure Massen Geld in die Hand nahm, um die Energieversorgung in Deutschland grundsätzlich sicherzustellen: Gasspeicher zu füllen und auch die Gewinnung erneuerbarer Energie zu forcieren, Verbraucher:innen finanziell zu entlasten. Aber auch um die Ukraine zu unterstützen und die Bundeswehr aufzurüsten.

Als Bundesfinanzminister und Vizekanzler soll Olaf Scholz angeblich der US-Regierung Investitionen bis zu einer Milliarde Euro versprochen haben, wenn diese sich nicht mit Blick auf die Fertigstellung der russischen Erdgas-Pipeline Nord Stream 2 querstellt. Die Deutsche Umwelthilfe hat auf ihrer Homepage ein geleaktes Schreiben von Olaf Scholz an den US-amerikanischen Finanzminister Steven Mnuchin, datiert auf den 7. August 2020, veröffentlicht.[61] Wenn das Dokument tatsächlich echt ist, wäre dies ein Skandal. Denn Olaf Scholz kündigt in dem Schreiben an, dass die Bundesregierung bereit sei, bis zu einer Milliarde Euro für die Förderung von Flüssigerdgas-Terminals an der norddeutschen Küste zu investieren. Über diese Terminals könnte dann im sogenannten Fracking-Verfahren hergestelltes Erdgas nach Deutschland importiert werden. Im Gegenzug – so der Vorschlag – sollte die US-Regierung unter der Führung von Donald Trump ihren Widerstand gegen die russische Erdgas-Pipeline Nord Stream 2 aufgeben.

Nach einer *dpa*-Meldung dazu hat auch *DIE ZEIT* darüber berichtet. Aber die Existenz des brisanten Schreibens wurde von der Bundesregierung trotz öffentlichen Drucks und zahlreicher Nachfragen bislang nicht bestätigt.[62]

Wir wissen nicht, ob der mit dem Anspruch »Klimakanzler« angetretene Regierungschef und seine rot-grün-gelbe Regierung ohne den Angriffskrieg in der Ukraine eine Zeitenwende im Klimaschutz eingeläutet hätten. Aber momentan scheint der Zweck viele Mittel zu heiligen. Die ersten beiden Terminals wurden mittlerweile aber in Wilhelmshaven und Lubmin eröffnet (siehe Seite 137). Natürlich ist es wichtig, die Energieversorgung in Deutschland sicherzustellen, damit Menschen im Winter nicht frieren. Aber welchen Preis werden wir dafür bezahlen?

*

In der Verfassung der Bundesrepublik Deutschland, steht, dass die Regierung unsere Freiheit und unsere Grundrechte schützen muss. Und zwar jede Regierung, ganz gleich ob sie schwarz, gelb, rot, grün oder lila gefärbt ist. Daran müssen sich die Verantwortlichen messen lassen. Das Klimaschutzgesetz vom Dezember 2019 fällt beim Bundesverfassungsgericht durch. Am 24. März 2021 hält Deutschlands höchstes Gericht Folgendes fest:

> Mit heute veröffentlichtem Beschluss hat der Erste Senat des Bundesverfassungsgerichts entschieden, dass die Regelungen des Klimaschutzgesetzes vom 12. Dezember 2019 (Klimaschutzgesetz; KSG) über die nationalen Klimaschutzziele und die bis zum Jahr 2030 zulässigen Jahresemissionsmengen insofern mit Grundrechten unvereinbar sind, als hinreichende Maßgaben für die weitere Emissionsreduktion ab dem Jahr 2031 fehlen.[63]

Außerdem wurde u. a. festgestellt:

Danach darf nicht einer Generation zugestanden werden, unter vergleichsweise milder Reduktionslast große Teile des CO_2-Budgets zu verbrauchen, wenn damit zugleich den nachfolgenden Generationen eine radikale Reduktionslast überlassen und deren Leben umfassenden Freiheitseinbußen ausgesetzt würde. (...)
Die nach 2030 verfassungsrechtlich gebotene Treibhausgasminderungslast wird erheblich sein. Ob sie so einschneidend ausfällt, dass damit aus heutiger Sicht unzumutbare Grundrechtsbeeinträchtigungen verbunden wären, lässt sich zwar nicht feststellen. Das Risiko gravierender Belastungen ist jedoch hoch und kann mit den künftig betroffenen Freiheitsgrundrechten nur in Einklang gebracht werden, wenn dies mit Vorkehrungen zur grundrechtsschonenden Bewältigung der nach 2030 drohenden Reduktionslast verbunden ist. Das verlangt auch, den Übergang zu Klimaneutralität rechtzeitig einzuleiten. Konkret erforderlich ist, dass frühzeitig transparente Maßgaben für die weitere Ausgestaltung der Treibhausgasreduktion formuliert werden, die für die notwendigen Entwicklungs- und Umsetzungsprozesse Orientierung bieten und diesen ein hinreichendes Maß an Entwicklungsdruck und Planungssicherheit vermitteln. Verfassungsrechtlich unerlässlich ist dafür zum einen, dass weitere Reduktionsmaßgaben rechtzeitig über das Jahr 2030 hinaus und zugleich hinreichend weit in die Zukunft hinein festgelegt werden. Zum anderen müssen weitere Jahresemissionsmengen und Reduktionsmaßgaben so differenziert festgelegt werden, dass eine hinreichend konkrete Orientierung entsteht.[64]

Um es in einfachen Worten auszudrücken: Der Gesetzgeber hat seinen Darlegungspflichten nicht genügt. Er hätte darlegen müssen, durch welche Minderungsmaßnahmen er Treibhausgasemissionen so weit wie möglich reduzieren will, um die Lebensgrundlagen zukünftiger Generationen und ein Leben in Würde zu sichern.

Auch das aktuelle, minimal justierte Klimagesetz, dessen Überarbeitung ohnehin im Rahmen einer Erfüllung von EU-Richtlinien notwendig wurde, bricht mit den Anforderungen, die in der Klage an das BVerfG gestellt wurden. Die Regierung legt nicht wie gefordert detailliert dar, in welcher Höhe weitere Emissionen zulässig sind.

Klimaschützer:innen machen der Regierung deshalb den schweren Vorwurf des fortgesetzten Verfassungsbruchs, halten den Verantwortlichen vor, dass sie weder Freiheit noch Grundrechte schützen. Indem sie beim wirksamen Klimaschutz versagen, so die Meinung der Kritiker:innen, beteilige sich die Regierung an der Zerstörung der Lebensgrundlagen und respektiere weder das völkerrechtlich verbindliche Pariser Klimaabkommen noch die Verpflichtungen des Grundgesetzes. Dort heißt es in Artikel 20a: »Der Staat schützt auch in Verantwortung für die künftigen Generationen die natürlichen Lebensgrundlagen und die Tiere im Rahmen der verfassungsmäßigen Ordnung durch die Gesetzgebung und nach Maßgabe von Gesetz und Recht durch die vollziehende Gewalt und die Rechtsprechung.« Und das obwohl unsere Politiker:innen bei ihrem Amtseid auch schwören, den Nutzen des Volkes mehren und Schaden von ihm abwenden zu wollen.

Wenn wir unsere Lebensgrundlagen aber nicht schützen, werden wir weder genug zu essen oder zu trinken haben, stattdessen drohen Gewalt, Terror und Kriege. Menschen werden um Zugänge zum Wasser, zu Lebensmitteln und andere Ressourcen, die zum Leben gebraucht werden, kämpfen, wenn diese knapp werden. Und das zeichnet sich jetzt schon vielerorts ab. Millionen von Menschen sind auf der Flucht, auch weil sie dort, wo sie früher gelebt haben, kein Auskommen mehr finden.

Regierende haben die Macht, zu entscheiden, Prozesse in Gang zu bringen, Entwicklungen aufzuhalten oder ganz zu verhindern. In einer Demokratie ist die Macht von Regierungen aus guten Gründen begrenzt. Es gibt Kontrollorgane – und auch eine zeitliche Befristung der erteilten Mandate. Natürlich müssen Politiker:innen über solche Zeiträume hinaus denken. Im schlechtesten Fall spielen sie auf Zeit, weil sie ihre Macht erhalten wollen, im besten Fall handeln sie mit Weitblick, weil sie Pläne, zum Beispiel auch mit Blick auf den Klimaschutz, langfristig umgesetzt sehen wollen. Es ist nicht verwunderlich, dass viele Parteien vor allem auf ihre Stammwähler schielen, um bei der nächsten Wahl wieder entsprechenden Zuspruch zu bekommen. Und es drängt sich der Eindruck auf, dass vor allem die Volksparteien oftmals die Jugend vernachlässigen und »Politik für die Alten machen«, weil diese demografisch in der Mehrzahl sind.

Viele politische Prozesse und gesellschaftliche Entwicklungen dauern länger als eine Legislaturperiode und die Handlungsspielräume, die gewählte Volksvertreter:innen haben, sind oftmals eng. Man fragt sich: Warum nutzen sie nicht wenigstens die Zeit, die sie zur Verfügung haben, um das schon oft von Verkehrspezialist:innen und Klimaschützer:innen geforderte Tempolimit auf den Weg zu bringen oder ein neues Lebensmittelgesetz zu erlassen? Beides wäre möglich.

Einen Ausweg aus diesem Dilemma sieht die *Letzte Generation* in der Bildung eines Gesellschaftsrats und beruft sich dabei auf das Demokratie-Original, auf Athen – und auf moderne Vorbilder, unter anderem bei unseren französischen Nachbarn. Aber dazu später mehr.

Vielleicht kommt vieles nicht voran, weil auch die Menschen in der Politik vor allem eines sind: Menschen. Womit wir schließlich beim letzten Akteur in unserem Gründe-Gruselkabinett angekommen wären. Es geht um uns. Um jede und jeden Einzelne:n.

Von Verdrängung, Rauchstudie und kognitiven Dissonanzen

In dem von ihr herausgegebenen Buch über das Klima erzählt Greta Thunberg, dass man sie vor der Klimakonferenz COP26 in Glasgow gebeten habe, in Schweden an einer Meinungsumfrage teilzunehmen. Herausgefunden werden sollte, was die Menschen in Schweden über die Klimakrise wissen. Es sollte etwas ganz Besonderes werden. Aber am Ende der Umfrage gab es keine Veröffentlichung. Der Grund dafür war schrecklich: Es gab schlicht keine Ergebnisse, weil die Menschen viel zu wenig wussten. So wenig, dass es nichts zu veröffentlichen gab.

Wie eine solche Umfrage wohl in Deutschland ausginge? Wer von uns weiß denn schon, worum es genau geht? Über die Tatsache hinaus, dass wir ein Klimaproblem haben, dass im Ahrtal 134 Menschen in oder an den Fluten starben und alle diese Toten irgendwie damit in Zusammenhang stehen. Oder dass der Januar 2023 schon wieder mehr als 6 Grad wärmer ist als im Durchschnitt. Wer weiß, wie groß das CO_2-Budget, das wir noch haben, bis die Katastrophe perfekt ist, noch ist? Oder warum Klimaschützer:innen Pusteln bekommen, wenn von einem »Budget« die Rede ist. Suggeriert es doch, als hätten wir noch etwas Zeit. Wissen Sie, um welche Kipppunkte es geht? Wann welche Kipppunkte voraussichtlich erreicht werden – oder dass einige schon gekippt sein dürften bzw. kurz davor stehen? Und warum das jeweils eine Katastrophe ist? Warum eine durchschnittlich 1,5 Grad wärmere Erde bis zu 6 Grad Temperaturanstieg für ein Flächenland wie Deutschland bedeuten? Dass die Gletscher im Alpenraum jetzt schon großteils nicht mehr zu retten sind? Dass Forscher der Universität Zürich in einer Studie aus dem Jahr 2019 vorhergesagt haben, dass bis zum Jahr 2100 voraussichtlich zwei Drittel aller Alpengletscher geschmolzen sind. Und dass sogar 90 % von ihnen unwiederbringlich zerstört sind, wenn wir das 1,5-Grad-Ziel nicht einhalten.

Viele Entwicklungen lassen sich trotz aller Innovationen und moderner Technik nicht aufhalten; einmal gekippt, lässt sich manches nicht mehr »reparieren«. Das Geschehen ist irreversibel. Und wir müssen uns damit abfinden, dass unsere Welt eine andere sein wird, wenn wir jetzt nicht laut »Stopp!« rufen, unser Verhalten ändern und eine radikale Wende hinbekommen.

Wer von uns versteht die Zusammenhänge der Klima-Entwicklungen? Und das so gut, wie wir nach drei Monaten Pandemie alle verstanden hatten, was exponentielles Wachstum ist und warum ein R-Wert relevant ist. Wohl nur die wenigsten.

Dass die allermeisten von uns mehr Bauchgefühle zur Klimakrise haben als Wissen und Verständnis, liegt aber nun nicht daran, dass wir dumm oder faul, ignorant oder arrogant, bequem oder was auch immer sind. Vielleicht von allem etwas. Schon. Aber es liegt vor allem daran, dass wir sind, wie wir sind. Angesichts der drohenden Katastrophe neigen wir dazu, passiv zu reagieren. Psychologen haben das in der sogenannten Rauchstudie, mit dem Titel »Group inhibition of bystander intervention in emergencies« herausgefunden.[65]

In der Studie geht es darum, wann, wer im Fall eines Notfalls eingreift – und was dieses Eingreifen hemmen könnte. Junge

Männer, Studierende, wurden in unterschiedlichen Konstellationen, mal alleine, mal in kleinen Gruppen, in einen Raum voller Qualm geführt. Dabei wurde festgestellt, dass Menschen den Rauch seltener melden, wenn mehrere Personen mit ihnen im Raum sind. Spannend, oder?

Menschen bleiben angesichts eines Notstands abwartend, wenn die Mehrheit passiv bleibt. Kein schlechter Erklärungsversuch, wenn man sich wie Henning Jeschke fragt, warum alle so ruhig bleiben, obwohl die Klimakatastrophe sich bereits deutlich abzeichnet und es aus Sicht vieler Wissenschaftler höchste Zeit ist, aktiv zu werden und Maßnahmen einzuleiten, um das Unglück so weit wie möglich noch abzuwenden. Angesichts der Tatsache, dass es um nichts weniger als um unsere Auslöschung, die Vernichtung der Menschheit, geht, ist es kaum nachzuvollziehen, weshalb niemand den Alarmknopf drückt, um im Bild zu bleiben.

Auch Per Espen Stoknes, norwegischer Umweltpsychologe und Politiker, hat lange über die Frage nachgedacht, warum wir so ruhig bleiben, warum die Menschen nicht wach werden? 2009 hat er erlebt, dass 100 000 Menschen beim Klimagipfel in Kopenhagen demonstrierten und »Wir müssen jetzt handeln« riefen. Geholfen hat es nichts.

Per Espen Stoknes war geschockt. Sieben lange Jahre dachte er nach, forschte, suchte das Gespräch mit Kolleg:innen und Philosoph:innen. Sein Fazit: Wir Menschen errichten mentale Blockaden, die uns hindern, aktiv zu werden. Unter fünf Formen psychologischer Abwehr fasst er seine Studien zusammen: Distanzierung, Dissonanz, Verleugnung, Identität und Untergang. Identität mag als Stichwort in diesem Zusammenhang seltsam anmuten. Laut Per Espen Stoknes verweist der Begriff auf »eine mögliche Bedrohung unseres Verständnisses von uns selbst«. Weil andere unser Weltbild stören, indem sie auf den drohenden Untergang und die Notwendigkeit zu handeln hinweisen, wenden wir uns gegen sie …[66]

Per Espen Stoknes lässt uns aber nicht ratlos mit den Erkenntnissen zurück, wie wir uns selbst boykottieren. Sondern er liefert fünf Schlüssel zu einer für unser Gehirn »sympathischeren Kommunikation« gleich mit. Per Espen Stoknes rät uns, Angst, Trauer und Zorn über die Klimakatastrophe zuzulassen. Geduldig mit uns zu sein.

Als Psychologe weiß er: Wenn wir uns mit diesen Gefühlen auseinandersetzen, kann das hilfreich sein, und zitiert in diesem Zusammenhang den norwegischen Philosophen Arne Naess: »Durch die Auseinandersetzung mit extremem Elend erlangt man Heiterkeit.«

Für Heiterkeit ist an dieser Stelle unserer Bestandsaufnahme in Sachen Klimakatastrophe noch nicht der Moment gekommen. Denn noch haben wir dem extremen Elend ja nicht ins Gesicht geschaut.

Warum wir einen Klimanotstand haben. Was die Wissenschaft sagt

---

Klimanotstand, der

(von der Politik als ökologische und gesamtgesellschaftliche Notsituation anerkannte) Klimakrise.

https://www.duden.de/rechtschreibung/Klimanotstand

Im September 2022 muss Henning Jeschke sich im Amtsgericht Tiergarten in Berlin wegen Nötigung verantworten. Er hatte sich knapp drei Monate zuvor, am 24. Juni, auf die viel befahrene Seestraße im Berliner Wedding angeklebt. In Saal 1002 verteidigt sich der 22-jährige Angeklagte selbst – und wird von der Richterin für seine Redekünste gelobt. Henning nutzt den Gerichtssaal als Bühne, um zu sagen, was er so unbedingt jedem Einzelnen von uns sagen möchte: »Wir sind im Klimanotstand!«

Henning bittet das Gericht, als Zeugen den Klimawissenschaftler Wolfgang Lucht anzuhören. Dieser ist Abteilungsleiter für Erdsystemanalyse am Potsdam-Institut für Klimafolgenforschung und Professor für Nachhaltigkeitswissenschaft an der Humboldt-Universität zu Berlin. Wolfgang Lucht soll aus seiner wissenschaftlichen Expertise darlegen, warum ein Klimanotstand vorliegt. Doch er wird nicht als Zeuge zugelassen. Henning wird aber erlaubt, selbst aus dem Papier im Gericht vorzutragen. Und Wolfgang Lucht veröffentlicht seine wissenschaftliche Verteidigung von Henning Jeschke später über Twitter.

@W_Lucht@mstdn.social, @W_Lucht:

Ich hatte eine wissenschaftlich fundierte Expertenaussage vorgelegt, die besagt, dass wir uns aus vier Gründen in einem faktischen Klimanotstand befinden: Die Wahrscheinlichkeit einer schädlichen Klimaerwärmung ist hoch; die Folgen sind groß (d. h. das Risiko ist nicht gering); die verbleibende Zeit für Gegenmaßnahmen ist kurz … und die Zeit, die die Gesellschaft benötigt, um zu reagieren, ist derzeit lang (d. h. es besteht Dringlichkeit). Alle diese Kriterien beruhen auf wissenschaftlichen Analysen. Wenn sowohl das Risiko als auch die Dringlichkeit hoch sind, befinden wir uns in einer Klimakrise.

Henning Jeschke zitiert unter Tränen auch António Guterres, den Generalsekretär der Vereinten Nationen. Dieser hatte bei der Vorstellung des neuen Berichts des Weltklimarates im Frühjahr 2022 unter anderem von »einem Zwangsmarsch ins Verderben, der Schwächsten der Welt« gesprochen. Am Ende verurteilt die Richterin Henning wegen versuchter Nötigung zu 20 Tagessätzen à 10 Euro und sagt, der Klimanotstand stünde nicht zur Verhandlung, aber er stünde im Übrigen auch nicht in Abrede.

Ist das so, wissen wir wirklich, was mit Klimanotstand gemeint ist? Noch wichtiger, was er bedeutet? Fangen wir mit der ersten Frage an, wobei es an dieser Stelle nicht darum gehen kann, einen umfassenden, aktuellen Sachstandsbericht zum Thema Klimanotstand zu liefern. Wer dazu mehr lesen möchte, dem sei wärmstens *Das Klimabuch* von Greta Thunberg empfohlen.[67]

Hier geht es darum, zu verstehen, dass wir jetzt schon einen Klimanotstand haben, auch wenn das bei uns noch nicht so spürbar ist wie im globalen Süden. Und eine Ahnung davon zu bekommen, was das auch für uns im globalen Norden bedeutet oder schon bald bedeuten wird. Dazu müssen wir über drei Themen sprechen: über Todeszonen und Hitze, über Kipppunkte und über den Bericht des Weltklimarates *IPCC* von 2022.

Der Bericht des Weltklimarates *IPCC* von 2021/2022

Innerhalb der Wissenschaft wird der Bericht des **I**ntergovernmental **P**anel on Climate **C**hange, einer Institution der Vereinten Nationen, sehr ernst genommen, weil er versucht, den »wissenschaftlichen Konsens« zum Thema abzubilden. Weil dies Kompromisse verlangt, sind die Berichte eher konservativ, nicht alarmistisch. 2007 wurde dem IPCC, zusammen mit dem ehemaligen US-Vizepräsidenten Al Gore, der Friedensnobelpreis verliehen. Normalerweise wird der IPCC-Bericht, der nur alle paar Jahre erscheint, mit großer Spannung erwartet. Dieses Mal war aber schon im Vorfeld ein Teil des Berichts geleakt worden. Die Gruppierung *Scientist Rebellion*, Wissenschaftler:innen, die sich zu zivilem Ungehorsam bekennen, gab sich als verantwortlich zu erkennen. Das Motiv für die Vorab-Veröffentlichung der wesentlichen Fakten: Sie fürchteten, dass Abgesandte der beteiligten Regierungen die zentralen Aussagen und Schlüsse bis zur Veröffentlichung zu sehr abschwächen würden. Wie hart unter dem Einfluss verschiedener Staaten, etwa Saudi-Arabien, um die Schlussfassung der Vorlage von Arbeitsgruppe 3 im April 2022 verhandelt wurde, belegt die Tatsache, dass seine Veröffentlichung verschoben werden musste.[68] Das, was im April 2022 dann schließlich veröffentlicht wurde, mag abgeschwächt sein. Liest sich aber dennoch brutal. Das Fazit: Jetzt muss gehandelt werden. Jetzt.

Sofort.

António Guterres, der Generalsekretär der Vereinten Nationen, sprach schon am 9. August 2021 darüber, dass es eine Katastrophe wäre und den Tod vieler Menschen bedeuten würde, wenn der Klimaschutz weiter aufgeschoben würde. Er spricht vom »code red for humanity«, von der Alarmstufe Rot für die Menschheit.[69]

Und anlässlich der Vorstellung des wichtigen Berichts der Arbeitsgruppe 3 sagte Guterres das folgende Zitat, das nachdenklich machen sollte: »Klimaaktivisten werden manchmal als ›gefährliche Radikale‹ dargestellt. Aber die wirklich gefährlichen Radikalen sind die Länder, die die Produktion von fossilen Brennstoffen erhöhen. Investitionen in neue fossile Infrastruktur sind moralischer und wirtschaftlicher Wahnsinn!«[70]

Der letzte Bericht des Weltklimarates IPCC belegt, dass heute schon drei Milliarden (!) Menschen existenziell von den Auswirkungen der Klimakatastrophe betroffen sind. 2030, bereits in sieben Jahren, werden etwa 700 Millionen Menschen auf dem afrikanischen Kontinent lebensbedrohlicher Hitze ausgesetzt sein. Das ist jeder zweite Mensch auf diesem Kontinent. Viele Millionen Menschen werden fliehen müssen. Dass dadurch Konflikte zunehmen, versteht sich von selbst.

Der Bericht belegt sodann: Insbesondere die 10 % der Reichen tragen die Verantwortung für einen unverhältnismäßig hohen Anteil an Emissionen. Sie sollten deshalb auch für eine Veränderung verantwortlich sein – eine Forderung, die zudem der aktuellste Bericht an den *Club of Rome, EarthForAll,* (erschienen zum 50. Jahrestag der Veröffentlichung von »Grenzen des Wachstums«) aufgreift und unterstreicht!

Und der IPPC-Bericht belegt ferner, dass das Zeitfenster, das für ein Umsteuern noch zur Verfügung steht, winzig klein geworden ist und rapide weiter schrumpft. Wenn die Emissionen weiter steigen, statt endlich verringert zu werden, dann drohen uns all die vielen, im Bericht beschriebenen Horrorszenarien.[71]

Unter den gegebenen Umständen ist mehr als fraglich, ob der Temperaturanstieg überhaupt noch auf 1,5 Grad im Vergleich zum vorindustriellen Zeitalter begrenzt werden kann. Schaut man auf das, was die Staaten der Welt zur Reduktion der Treibhausgase zu tun versprechen, legt dies den Kurs in eine 2,7 Grad heißere Welt nahe.[72] Schaut man, was die Staaten der Welt faktisch tun, legt dies einen Kurs eher auf 3 Grad und mehr nahe. Entsprechend macht auch ein UN-Bericht Ende des Jahres 2022 deutlich, dass das 1,5-Grad-Ziel nicht mehr zu halten ist.[73]

Und doch lohnt es sich, weiterhin um die Vermeidung eines jeden Zehntelgrads Anstieg zu kämpfen.

Wohl auch deshalb steigt seit April die Zahl von Wissenschaftler:innen, denen es nicht mehr ausreicht, zu forschen und zu publizieren, wenn doch niemand auf ihre alarmierenden Ergebnisse und dringlichen Warnungen hört. Die Gruppe *Scientist Rebellion* gewinnt an Zulauf, die, wie der Name bereits andeutet, ebenfalls gegen das fossile »Weiter so« protestiert – mit Aktionen des zivilen Widerstands. Im Herbst 2022 kam es weltweit zu Blockaden, Farb- oder Poster-Klebe-Aktionen durch Wissenschaftler:innen, etwa vor dem Parlament in Madrid, dem Verkehrsministerium in Berlin und auf dem Stachus in München – vor dem Bayerischen Justizministerium. In München war Jörg Alt, zusammen mit Dr. Cornelia Huth (Epidemiologin), Dr. Alexander Grevel (Biochemiker) und anderen Wissenschaftler:innen mit dabei. Besondere Schlagzeilen machte Dr. Julia Steinberger, Professorin für Ökonomische Ökologie und Industrieökologie an der Universität Lausanne und eine der Leitautor:innen des *IPCC*-Arbeitsgruppe-3-Berichts: Sie klebte sich mit anderen Aktivist:innen am 11. Oktober auf einen Autobahnzubringer im schweizerischen Bern.[74]

Wenn das Klima kippt

Kipppunkt, Kipp-Punkt, der

Stelle oder Position, an der etwas das Gleichgewicht verliert, sich neigt (und fällt); auch Zeitpunkt, ab dem etwas unumkehrbar ist.[75]

https://www.duden.de/rechtschreibung/Kipppunkt

Tja, nicht immer hilft ein Nachschlagewerk wie der Duden weiter. Das Wort Klima-Kipppunkt kennt er jedenfalls noch nicht. Befragen wir also die Klimaexpert:innen. Das Potsdam-Institut für Klimafolgenforschung nennt Kippelemente »Großrisiken im Erdsystem« und schreibt zum aktuellen Forschungsstand:

Klima-Kippelemente sind wichtige, großskalige Bestandteile des Erdsystems, die ein Schwellenverhalten aufweisen. Bei zunehmender globaler Erwärmung bleiben sie zunächst im Wesentlichen stabil, aber können dann ab einem bestimmten Schwellenwert bereits durch kleine zusätzliche Störungen in einen qualitativ neuen Zustand versetzt werden: Sie »kippen«. Das ist wie bei einem Stift, den man mit dem Finger immer weiter über eine Tischkante hinausschiebt. Erst passiert nichts – dann fällt er.[76]

Kipppunkte und Kippelemente. Um diese Begriffe drehen sich vor allem die Sorgen der Wissenschaft, hinter ihnen verbirgt sich die tödliche Gefahr für die Menschheit. Stefan Rahmstorf, Klima- und Meeresforscher und Professor für Physik der Meere, publiziert regelmäßig im *SPIEGEL* zur Klimakrise. Im Dezember 2022 fordert er, dass nicht nur Politik und Wirtschaft, sondern jeder Bürger in Grundzügen verstehen müsse, worin diese tödliche Gefahr besteht. Hier der Überblick:

Ursprünglich, d. h. im Jahr 2008, haben Wissenschaftler:innen neun politisch relevante Kippelemente und ihre Kipppunkte identifiziert. Dazu gehörte z. B. das Ansteigen des Meeresspiegels, das Absterben des Regenwaldes oder der Warmwasserkorallen, oder auftauender Permafrost.[77] Jüngere Forschungen sprechen von bis zu 15 Kipppunkten.

Das Potsdam-Institut für Klimafolgenforschung (PIK) hat zusammen mit einem internationalen Fachteam dazu geforscht und festgestellt, dass sechs Kipppunkte wahrscheinlich schon dann überschritten werden, wenn die Welt sich wirklich nur um 1,5 bis 2 Grad global erwärmen würde.

David Armstrong McKay von der Universität Stockholm und seine Kollegen haben mehr als 200 verschiedene Studien ausgewertet und Klimasimulationen durchgeführt. Ihre Analyse der Kippelemente und Kipppunkte deutet darauf hin, dass die Erde den sicheren Klimazustand schon beim Überschreiten der Ein-Grad-Erwärmung verlassen hat. Laut dem aktuellen Weltklimabericht liegt die globale Mitteltemperatur bereits mehr als 1,1 über den Werten, die in der Zeit vor der Industrialisierung gemessen wurden.

Das Neue, das Besorgniserregende ist: Auch wenn man vor gut 15 Jahren einige dieser Kipppunkte bereits kannte und benannte, hoffte man doch, dass es gelingen könnte, durch geeignete Maßnahmen das Erreichen von Kipppunkten abzuwenden. Heute geht man nicht nur davon aus, dass sie eintreten werden – sondern davon, dass sie möglicherweise schon in naher Zeit erreicht werden oder bereits eingetreten sind!

Die Forscher haben festgestellt, dass fünf Kippelemente bereits eine kritische Schwelle erreicht haben könnten: »Wir sehen Anzeichen der Destabilisierung bei den Eisschilden der Westantarktis und Grönlands, beim Amazonas-Regenwald, in einigen Permafrost-Regionen und wahrscheinlich auch der Atlantischen Umwälzströmung«, berichtet McKay. Auch die tropischen Korallen könnten bereits ihren Kipppunkt erreicht haben. Bei diesen Systemen liege der Kipppunkt höchstwahrscheinlich zwischen 1,1 und 1,5 Grad. Ist eine Schwelle überschritten, ist der Wandel unaufhaltsam und unumkehrbar. Deshalb nochmals die Mahnung und zugleich Zuversicht der Forscher: »Jedes Zehntelgrad zählt!«

Kippelemente und ihre jeweiligen Kipppunkte sind nicht einzelne, unabhängige Ereignisse und Erscheinungen. Sie sind eng miteinander verbunden und bedingen sich gegenseitig. Dazu schreibt das Potsdam-Institut für Klimafolgenforschung:

Dem Schwellenverhalten im Erdsystem liegen oft selbstverstärkende Prozesse zugrunde, die – einmal angestoßen – auch ohne weiteren externen Einfluss weiterlaufen. Dadurch kann es passieren, dass der neue Zustand eines Kippelementes erhalten bleibt, selbst wenn das Hintergrundklima wieder hinter den Schwellenwert zurückfällt. Der Übergang nach dem Überschreiten eines systemspezifischen Kipppunktes kann dabei sprunghaft, aber auch allmählich erfolgen. Bereits das Überschreiten einzelner Kipppunkte hat weitreichende Umweltauswirkungen, welche die Lebensgrundlage vieler Menschen gefährden. Es besteht zudem das Risiko, dass durch Rückkopplungsprozesse weitere Kipppunkte im Erdsystem überschritten werden und so eine dominoartige Kettenreaktion ausgelöst wird.[78]

Das mag alles theoretisch, akademisch, abstrakt klingen. Aber es hat unmittelbare, praktische Folgen für unser Leben. Verheerende Folgen, bei denen dann im besten Fall noch Schadensbegrenzung möglich ist. Wenn z. B. der Permafrostboden abrupt auftaut, wird dadurch Methan freigesetzt, welches wiederum für eine starke Erhitzung der Atmosphäre sorgt. Weil Methan mehr Wärme aufnehmen kann, geht die Forschung davon aus, dass es in den ersten 20 Jahren nach Ausstoß über 80 Mal schädlicher ist als CO_2. Im selben Ausmaß, in dem Methan schädlicher als CO_2 ist, treibt es vom ersten Moment an, in dem es ausgestoßen wird, auch die Erderhitzung verstärkt voran.[79]

Forscher:innen wie Ricarda Winkelmann und ihre Kolleg:innen vom Potsdam-Institut für Klimafolgenforschung haben untersucht, wie die Kippelemente untereinander agieren. Beispielsweise der Westantarktische Eisschild, Grönland, der Golfstrom oder der Regenwald. Dabei haben sie ein hohes Risiko festgestellt, dass es mit großer Wahrscheinlichkeit Kaskaden- oder Dominoeffekte untereinander geben wird.[80]

Ein Beispiel macht dies deutlich: Im Westantarktischen Eisschild ist mehr als die Hälfte der Trinkwasserreserve der Welt gespeichert. Was passiert, wenn dieses Eis schmilzt, kann sich kaum jemand vorstellen.

In der Westantarktis spielt sich gerade ein Horrorszenario ab. In den letzten Monaten sind die Warnungen immer deutlicher geworden, dass ein entscheidendes Stück vom Eis – der sogenannte Thwaites-Gletscher – kurz vor dem Auseinanderbrechen ist. Das Gefährliche daran: Er hat eine Art Stöpselfunktion in der Eismasse. Wenn der Thwaites-Gletscher bricht, drohen die benachbarten Eismassen hinterherzustürzen. Daher wird der Gletscher auch Weltuntergangsgletscher (Doomsday Glacier) genannt.

Eine Studie aus dem Jahr 2021 kam zu der Erkenntnis, dass große Teile des aufschwimmenden Teils des Gletschers innerhalb weniger Jahre abbrechen könnten. Darauf deuten nach Ansicht von Forschern Risse und Eisbewegungen hin. Wenn der Westantarktische Eisschild zerbricht und sich auflöst, ist mit einem massiven Meeresspiegelanstieg zu rechnen. Bis zu vier Meter Anstieg sagen Experten in diesem Fall voraus. Und falls auch das grönländische Eis schmilzt, wenn der Kipppunkt dazu erreicht ist, droht ein noch größerer Anstieg – man rechnet mit insgesamt bis zu sechs Metern. Welche verheerenden Folgen das mit Blick auf die Inseln und Küstenregionen auf der ganzen Welt haben würde, ist absehbar.[81]

Hitze und Todeszonen

Im dritten und letzten Schlaglicht zum Stand der Klimawissenschaft schauen wir auf die Hitze, die zu sogenannten Todeszonen führen kann. Präziser gesagt: führen wird. Teilweise ist dies auch bereits Realität. In der Sahara gibt es z. B. Gebiete, in denen es monatelang zu heiß ist, als dass Menschen dort überleben könnten. Im Verhältnis zur gesamten Erdoberfläche sprechen wir aktuell über 0,8 % Anteil. Wenn wir nichts ändern und sich die Erdatmosphäre um 3 Grad erhitzt, könnten daraus, wie einige wissenschaftliche Szenarien aufzeigen, um 2070 schon mehr als 19 % Flächenanteil geworden sein. Heimat für aktuell 3,5 Milliarden Menschen. Aber selbst wenn wir das Ruder mit aller Kraft herumreißen, werden immer noch 1,5 Milliarden Menschen zur Flucht aus derartigen Todeszonen gezwungen sein.[82]

Es trifft zunächst und vor allem arme Menschen, die selbst kaum zur Erderwärmung beigetragen haben. Ebenso wie extreme Wetterereignisse und Katastrophen, die es schon lange gibt, die aber jetzt weltweit immer häufiger auftreten.

Im Sommer 2022 sind 33 Millionen Menschen in Pakistan vertrieben worden, weil ein Drittel des Landes überflutet wurde. Die Katastrophe traf 16 Millionen Kinder. In Europa wüteten Waldbrände, in Ostaustralien Wirbelstürme und Waldbrände. In China und Europa trockneten Flüsse aus, im Südosten der USA tobte ein ungewöhnlich starker Hurrikan. Indien trafen Stürme, Bangladesch und Indien Überschwemmungen. Hitze und Brände, Fluten und Stürme, Dürren. Die Klimakrise überzieht die ganze Welt mit Extremwetter. Jetzt schon.[83]

Für viele Menschen ist das alles noch weit weg. Zwar hat es Bewohner:innen der Orte an Ahr und Mosel bereits getroffen, aber die große Mehrheit in Deutschland ist bisher von existenziellen Auswirkungen verschont geblieben. Den Jesuiten Jörg

Alt treiben diese Entwicklungen um. Sein christliches Menschenbild lässt nicht zu, dass ihm Menschen hierzulande näher sind als die in der Ferne. Er sagt: »Wer seinen Nächsten liebt, lässt ihn nicht im Stich. Wir können nicht weiterhin auf Kosten derer leben, die der Klimawandel schon lange bedroht. Im globalen Süden verhungern und verdursten Menschen, weil ihnen die Lebensgrundlagen entzogen werden. Weil der Regen ausbleibt, weil die Ernte verdorrt oder weil ihr Land überschwemmt wird. Wir dürfen diese Menschen nicht alleine lassen, es braucht unsere Solidarität.«

Ja, wir dürfen niemanden im Stich lassen. Die Menschen im globalen Süden nicht. Und auch sonst keinen. Dabei denken wir auch an die Kinder und Jugendlichen, die am wenigsten für unsere Versäumnisse der letzten Jahrzehnte können – und an diejenigen, die erst noch geboren werden. Alle haben ein Recht auf Leben; ein Leben in Freiheit, in Frieden und in Würde. Auf ausreichend Wasser, auf Lebensmittel.

WAS MÜSSEN WIR TUN? UND: WAS KÖNNEN WIR TUN?

Anfang Februar 2023 erscheint die Studie, »Hamburg Climate Future Outlook«, erstellt vom Exzellenzcluster »Klima, Klimawandel und Gesellschaft« der Universität Hamburg. Die Studie untersucht die Plausibilität einer 1,5-Grad-Grenze für die globale Erwärmung einerseits und andererseits soziale Triebkräfte und physikalische Prozesse der Klimakrise.[84]

Dass die Hamburger Forscher:innen so stark die Gesellschaft in ihren Forschungsfokus nehmen, ist eine Besonderheit. Das Team hat gemischte Nachrichten im Gepäck, die das Online-Magazin *Riffreporter* so betitelt: Physikalisch wären 1,5 Grad noch drin – gesellschaftlich nicht.[85]

Die Studie identifiziert zehn treibende Faktoren für den Klimaschutz. Diese fangen mit der UN-Klimapolitik an, gehen über Wirtschaft, Unternehmen, nationale und internationale Politik bis hin zu Konsummustern und Klimaprotesten. Eine zentrale Erkenntnis der Studie: Diese zehn Faktoren können in den nächsten Jahrzehnten die wichtigen Hindernisse für effektiven Klimaschutz sein. Oder die wichtigsten Antreiber.

Was also muss passieren, damit Gesellschaft zum wichtigsten Treiber des Klimaschutzes werden kann? Eigentlich ist das einfach. **Alle, alles. Alle müssen alles tun, was sie können.**

Stellen Sie sich vor, dass ein Feuer ausbricht oder auszubrechen droht. Niemand käme auf die Idee, einfach an einem Brand oder auch nur Schwelbrand vorbeizugehen. Niemand käme auf die Idee, Brandbeschleuniger auf ein brennendes Haus zu werfen, in dem Menschen schlafen – oder voller Angst schreien.

Wer würde in einer solchen Situation nicht sofort handeln, die Feuerwehr rufen, selbst Hilfe leisten? Wenn es sein muss, sind viele bereit, anzupacken, alles zu tun, um gefährdete Menschen zu retten oder Decken um die Schultern der Menschen zu legen, die dem Feuer entkommen sind.

Damit Menschen sich aber bei einem Brand adäquat verhalten, müssen sie zwingend vorher verstanden haben: Es brennt!

So weit sind wir in der Klimakrise leider noch lange nicht. Erst einmal müssen alle, die die Dramatik der Situation wahrnehmen, alles dafür tun, dass die Klimakrise als das Feuer, das alles vernichten wird, und der Notstand erkannt wird, die sie ist. Das kann buchstäblich jede und jeder an seinem Platz in der Welt. Es ist, wie Greta Thunberg sagt: »Das ist die größte Geschichte der Menschheit und wir müssen darüber reden.«

Die erste Schlussfolgerung ist also: Wir brauchen Bildung. Aufklärung. Müssen den Notstand verstehen, in dem sich unsere Erde befindet. Es braucht das Gespräch darüber, am Abendbrottisch, in den Schulen, in den Medien. Das Gute: Je mehr Menschen den Klimanotstand verstanden haben, desto eher, desto schneller werden wir als Gesellschaft begreifen, dass wir eine Schicksalsgemeinschaft sind. Und handeln.

Im jüngsten IPCC, dem Bericht des Weltklimarates, heißt es: »Die globale Erwärmung auf 1,5 Grad zu begrenzen, erfordert rasche, weitreichende und beispiellose Veränderungen.« Beispiellose Veränderungen schaffen nur alle zusammen: Märkte und Politik und Gesetzgebung und Gerichtsbarkeit. Überhaupt alle. Und jede:r Einzelne.

Damit erst gar kein Missverständnis aufkommt: Natürlich reicht es nicht, wenn hier ein Unternehmen überlegt, wie es »grüner« werden, oder dort eine Familie, wie sie klimafreundlicher reisen kann. Das ist selbstredend zu wenig. Aber der Umkehrschluss gilt nicht. Es ist nicht egal, was ein Unternehmen oder eine Familie tut. Im Gegenteil. Eltern wissen das: In der Erziehung folgen Kinder dem, was Eltern real tun. Nicht dem, was sie den Kindern predigen. Und weil wir alle soziale Wesen sind, die ihr Verhalten aneinander ausrichten, ist jeder und jede immer ein Vorbild für andere. Mit allem, was er tut – oder lässt.

Es also wichtig, wie wir unser Leben gestalten. Dass wir lernen, klimafreundlich zu reisen, zu essen, uns nachhaltig und ganz bewusst zu kleiden – und überhaupt zu konsumieren. Das ist auch deswegen wichtig, weil jedes Zehntelgrad zählt. Es geht nicht nur um schwarz oder weiß; um: Schaffen wir die Begrenzung auf 1,5 oder 2 oder 3 Grad Erderwärmung? Es hilft nichts, zu denken: »Nach mir die Sintflut. Wenn wir die weitere Erderwärmung nicht verhindern können, ist schon gleich alles egal. Es geht darum, das Graue zwischen Schwarz und Weiß, möglichst hellgrau zu färben. So wie es der UN-Generalsekretär António Guterres wieder und wieder betont: »Jedes Zehntelgrad weniger Hitze« bedeutet weniger Leid. Weniger Flucht. Weniger Tod.

Die zweite Schlussfolgerung ist also: Das individuelle Verhalten ist wichtig! Und: Wir dürfen uns nicht darauf ausruhen. Es reicht nicht. Es braucht eine wirkliche Wende.

Hier kommt die oben zitierte Studie »Hamburg Climate Future Outlook« noch mal ins Spiel. Und zwar ermutigend. Als einen von zehn gesellschaftlichen Faktoren untersucht sie Klimaproteste und soziale Bewegungen; Gruppen von Menschen, die sich darum mühen, das Klima zu schützen. Auch wenn die Studie wenig optimistisch ist, dass diese Bewegungen ganz kurzfristig etwas ändern können – langfristig, das glauben die Forscher:innen, haben die Prostete einen enormen Einfluss.

Die dritte Schlussfolgerung ist also: Wir brauchen soziale Proteste. Diese können (und sollen) so vielfältig sein, wie Menschen eben sind.

Es ist wichtig, sich zusammenschließen: junge Menschen, Eltern, Großeltern, Wissenschaftler:innen, Künstler:innen. Es lohnt sich, Petitionen zu unterzeichnen, Briefe an Politiker:innen zu schreiben und Massenprostete auf die Beine zu stellen. Allerdings: Das haben, wie im Buch deutlich wurde, nicht nur Menschen wie Jörg Alt bereits jahrzehntelang vergeblich getan. Auch Klimaschützer:innen von *Fridays-*, über *parents-*, *grandparents-*, *artists-*, *christians-* bis *scientists for future* haben das alles getan. Trotzdem reicht es nicht! Es müssen sich möglichst viele dem Protest anschließen! Selbst wenn es bei der ersten, dritten oder auch neunten Aktion noch wenig Resonanz gibt; selbst wenn andere sagen: »Was für ein Unsinn, das bringt doch nichts. Das ist doch nichts als ein Tropfen auf den heißen Stein. Vom Tropfen können wir aber lernen, dass einer reicht, um das Fass zum Überlaufen zu bringen. Neben den Klimakipppunkten, da ist sich die Wissenschaft zunehmend sicher, gibt es auch gesellschaftliche Kipppunkte. Irgendwann »kippt« die Stimmung in einer Gesellschaft insgesamt und man sagt sich: »Warum haben wir das nicht schon immer so gesehen und gemacht!«[86]

Je mehr Menschen entschieden Nein zum bisherigen Weg und der Politik des »Weiter so!« sagen, desto schneller wird sich etwas ändern. Genauso entschieden muss den immer neuen Beruhigungsworthülsen, dass ja schon alles, was möglich ist, getan werde – und es eben noch eine Weile brauche –, entgegengetreten werden. Um an dieser Stelle den genialen Kopf Albert Einstein zu zitieren: »Die Definition von Wahnsinn ist, immer wieder das Gleiche zu tun und andere Ergebnisse zu erwarten.«

Die Bewegung *Letzte Generation* hat sich für, unabdingbar

friedliche und gewaltfreie, Protestformen des zivilen Ungehorsams entschieden und stört, um möglichst viele, möglichst schnell wachzurütteln. Da, um im Bild zu bleiben, weder Politik noch Medien, von den Märkten, der fossilen Industrie und ihrer Lobby ganz zu schweigen, adäquat auf die bestehenden Brände und drohende Brandgefahr reagieren, braucht es einen Alarm. Einen Feueralarm.

Ein Feueralarm muss unignorierbar sein. Muss alles, was man gerade tut, unterbrechen. Nur dann leistet der Feueralarm, was er leisten muss.

Wie bei der Bildung und der klimafreundlichen, individuellen Lebensgestaltung gibt es auch beim »Feueralarm«, in sozialen Bewegungen und bei Protesten, viele Möglichkeiten, viele Rollen. Die Bandbreite reicht von finanzieller Unterstützung über Bereitstellen eigener Ressourcen wie Wissen, Können oder Logistik bis hin zur Beteiligung an friedlichem zivilem Widerstand.

Im Übrigen hat man dazu nie den falschen Beruf, wie zahlreiche Beispiele in diesem Buch belegen. Der Jesuit Dr. Jörg Alt, der Journalist Raphael Thelen, die Wissenschaftler:innen Prof. Dr. Julia Steinberger, Dr. Cornelia Huth und Dr. Alexander Grevel engagieren sich auf unterschiedliche Weise bei Protesten gegen den Klimawahnsinn. Man ist auch nie zu alt: An der Nürnberger Blockade beteiligten sich aktiv zwei Personen, die beide über 70 Jahre alt sind, bei der Blockade in München wurde neben Jörg Alt noch sein 91-jähriger Mit-Jesuit Joe Übelmesser verhaftet und bekam eine sogenannte Gefährderansprache, d. h. die letzte Warnung der Polizei vor längerer Gewahrsamsnahme.

Wobei es selbstredend nicht um den Feueralarm an sich geht. Es geht nicht darum zu nerven, um zu nerven, zu stören, um zu stören. Sondern immer nur darum, die Aufmerksamkeit auf das lodernde Feuer oder die Brandgefahr zu lenken, damit schnell nach adäquaten Mitteln gesucht werden kann, das Ruder der bisherigen Politik herumzureißen, das Abwarten zu beenden und den Brand einzudämmen. Es braucht die »raschen, weitreichenden und beispiellosen Veränderungen«, die António Guterres fordert.

Die vierte Schlussfolgerung ist also: Wir brauchen rasche, weitreichende und beispiellose Veränderungen. Das geht nur, wenn sich das System wandelt. Und das auch noch schnell.

Zu einem Systemwechsel hat Dr. Jörg Alt bereits viel gesagt (vgl. S. 103 ff). Wie so viele andere Ökonom:innen und Ökolog:innen, Philosoph:innen, Sozial-, Geistes- und Naturwissenschaftler:innen begründet er die Notwendigkeit, unsere aktuell dominierende Wirtschaftsform, den Neoliberalismus, zu überwinden. Eine Wirtschaft, die tötet, weil sie auf ein fossil geschmiertes, technologiegläubiges Immer-weiter-Wachsen setzt, dabei immer mehr Ressourcen verbraucht und dadurch katastrophale Folgen auslöst, die zurzeit vor allem die Menschen im globalen Süden, aber zunehmend auch die Menschen im globalen Norden trifft.

Wenn im Februar 2023 die Nachricht die Runde macht, dass ausgerechnet die fossile Industrie 2022 nie da gewesene Rekordgewinne macht, zugleich ExxonMobil die Übergewinnsteuer in Europa kritisiert, dann kann man kaum besser illustrieren, was sich ändern muss. Schließlich sind diese Rekordgewinne in dem Jahr eingefahren worden, in dem im Osten Europas ein mit fossilen Geldeinnahmen finanzierter Krieg angezettelt wurde, der die Abhängigkeit des Westens von autokratischen Lieferanten deutlich machte. Und in dem auf der ganzen Welt Menschen mit stark ansteigenden Nahrungsmittel- und Energiepreisen konfrontiert waren, Menschen in Afrika hungerten, Menschen in Europa froren. Und die fossile verarbeitende Industrie macht den Profit ihres Lebens?

Um das Notwendige, endlich, auf den Weg zu bringen, braucht es neue Gesetze, neue nationale und internationale Anstrengungen, Kooperationen und Übereinkünfte. Und es braucht Druck von all den Menschen, die verstanden haben und ihr Wissen teilen: Schluss mit dem Wahnsinn!

Für einen schnellen Systemwechsel ist nach Ansicht der *Letzten Generation* auch eine Ergänzung unserer parlamentarischen Demokratie erforderlich. Nach antiken und zeitgenössischen Vorbildern sollen ein sogenannter Gesellschaftsrat, dessen Mitglieder repräsentativ für die gesamte Bevölkerung ausgelost werden, die Richtungsentscheidungen und die notwendige Wende vorbereiten.

Der Gesellschaftsrat soll angesichts der dramatischen Entwicklung in der Diskussion mit und durch Unterstützung von Expert:innen konkrete Vorschläge erarbeiten, wie die dringend erforderliche Wende in Politik, Wirtschaft und Gesellschaft eingeleitet werden kann. So tiefgreifend wie notwendig – und ohne die Zwänge, die sich im Politikbetrieb vielfach zeigen, beispielsweise die Frage, ob der neue Kurs mit Blick auf eine Wiederwahl der Beteiligten zielführend ist. Deshalb soll die Zusammensetzung des Gesellschaftsrates nach den Vorstellungen der Initiator:innen auch ausgelost und nicht durch Wahlen bestimmt werden.

Die Idee der gelosten Räte geht zurück auf die Demokratie in Athen. Dort gab es beispielsweise den sogenannten Rat der 500. Dieser organisierte die Volksversammlungen, in denen wichtige Themen entschieden wurden, und hatten auch das Mandat, die Entscheidungen umzusetzen. Der Rat repräsentierte alle Regionen; jede entsandte für ein Jahr 50 ausgeloste, männliche, mindestens 30 Jahre alte Bürger. Reihum führten jeweils 50 der 500 Mitglieder 36 Tage lang den Rat an. Dieses ausgeklügelte System diente auch dazu, sicherzustellen, dass nicht wie zuvor nur einige wenige die Macht haben, über alle zu entscheiden.

Zeitlich begrenzt und ausgelost. Das sind auch die zentralen Elemente, wie ein solcher von der *Letzten Generation* vorgeschlagener Gesellschaftsrat aussehen sollte. Erfahrungen dazu gibt es in Irland, Österreich, Frankreich, Großbritannien und Deutschland.

In Frankreich haben im Juni 2020 die Mitglieder:innen des Klima-Bürgerrates *Convention Citoyenne pour le Climat* knapp 150 Empfehlungen beschlossen. Nach den massiven Protesten der sogenannten Gelbwesten gegen eine CO_2-Steuer hatte Präsident Emmanuel Macron den Bürgerrat einberufen. »Losbürger« sollten ihm mit Rat zum Schutz des Klimas beiseitestehen. Dabei sind interessante Vorschläge von den Bürger:innen gekommen, z. B. ein Verbot vieler Kurzstreckenflüge, ein Tempolimit von 110 km/h, ein Verbot von Pestiziden und der Werbung für Produkte, die das Klima schädigen (etwa von SUVs). Bei allem geht es um das Stärken des Klimaschutzes, auch indem man »Ökozid«, also das Zerstören eines Ökosystems, als ein Verbrechen ins französische Strafrecht aufnimmt. Von den Empfehlungen wurden einige, aber anders, als es Macron zuvor zugesagt hatte, leider längst nicht alle übernommen.[87]

In Deutschland haben die *Scientists for Future* im Dezember 2020 noch vor der Bundestagswahl im September 2021 einen Bürgerrat zum Klima gefordert, der dann auch stattfand.[88]

Aber nicht einmal ein Zehntel der deutschen Bevölkerung hat davon etwas mitbekommen, das hat eine Umfrage ergeben. Dabei stießen die Ergebnisse des Rates bei Menschen, denen die Ergebnisse dann gezeigt wurden, in der repräsentativen Umfrage auf hohe Zustimmung.[89]

Den Initiator:innen und Befürworter:innen ist es wichtig zu betonen, dass mit der Forderung nach einem gelosten Rat nicht die freiheitlich-demokratische Grundordnung abgeschafft, sondern im Gegenteil gestärkt werden soll. Wolfgang Schäuble, ehemaliger Präsident des Deutschen Bundestages, sagte dazu: »Wir müssen unsere parlamentarische Demokratie zukunftsfähig machen, ... dabei könne der Bürgerrat ein wichtiger Ansatz sein«. Es gehe »nicht um eine Alternative zur parlamentarischen Demokratie, sondern um ihre Stärkung«. Der Bürgerrat könne dabei helfen – als »eine Art Kompromiss zwischen einer reinen parlamentarischen Demokratie und einer mit Plebisziten [d. h. Volksabstimmungen, Anm. d. Autor:innen]«.[90]

Im Koalitionsvertrag der aktuellen Regierungsparteien (SPD, Bündnis 90/Die Grünen und FDP steht:

> Wir wollen die Entscheidungsfindung verbessern, indem wir neue Formen des Bürgerdialogs wie etwa Bürgerräte nutzen, ohne das Prinzip der Repräsentation aufzugeben. Wir werden Bürgerräte zu konkreten Fragestellungen durch den Bundestag einsetzen und organisieren. Dabei werden wir auf gleichberechtigte Teilhabe achten. Eine Befassung des Bundestages mit den Ergebnissen wird sichergestellt. Das Petitionsverfahren werden wir insgesamt stärken und digitalisieren und die Möglichkeit schaffen, öffentliche Petitionen in Ausschüssen und im Plenum zu beraten.[91]

Das ist eine gute Nachricht. Aber wird sich ein geloster Rat mit den entscheidenden Fragen, wie wir schnellstmöglich zu einem weitgehend emissionsfreien Wirtschaften in Deutschland kommen, befassen? Wird es eine derartige Notfallsitzung geben, in der die großen gesellschaftlichen Fragen auf den Tisch kommen? Wird es einen Gesellschaftsrat geben, dem auch zugetraut wird, richtungsweisende Entscheidungen zu treffen?

Zurück zu dem, was bereits 2021 stattgefunden hat: 160 Frauen und Männer haben in zwölf Sitzungen unter der Überschrift: »Wie gestalten wir Klimapolitik: Gut für uns, gut für unsere Umwelt und gut für unser Land?« getagt. Der Rat war nach demografischen Kriterien, Geschlecht, Alter, Migration, Bundesland und Bildung, repräsentativ besetzt. Zuerst wurde eine größere Zahl von Bürger:innen ausgelost, danach aus dieser Gesamtgruppe die Zusammensetzung bestimmt.[92]

Spannend und interessant ist es zu sehen, zu welchen weitgehenden Kompromissen und Schlüssen Menschen bereit sind, die tatsächlich die deutsche Gesellschaft abbilden, keine eigenen Interessen haben, nur zu diesem einen Thema die beste Lösung für die Gesellschaft suchen, dabei kompetent informiert werden.[93]

Möglicherweise wären die Teilnehmenden nicht so schnell zu so guten Ergebnissen gekommen, wenn Interessenvertreter und Lobbyisten mit am Tisch gesessen hätten. Die Ergebnisse des Klimarates sind Empfehlungen. Nur wenn Parlament und Regierung diesen folgen, kann ein Gesellschaftsrat echte Wirksamkeit entfalten. Und das bringt uns zum letzten Punkt:

Angesichts der geschilderten, sehr knappen Handlungsspielräume, die uns noch bleiben, um die Entwicklungen aufzuhalten, die zu einer Klimakatastrophe führen, müssen, aufbauend auf den Diskussionsergebnissen und Erkenntnissen des Gesellschaftsrates, umgehend viele Maßnahmen ergriffen werden. Mit Widerständen ist zu rechnen. Deshalb beschreibt die *Letzte Generation* auch die Notwendigkeit einer »Krisenwirtschaft«.

Dafür gibt es historische Vorbilder: Ulrike Herrmann beispielsweise schildert in ihrem Buch *Das Ende des Kapitalismus,* wie es Großbritannien unter dem Eindruck des Zweiten Weltkrieges in kürzester Zeit geschafft hat, seine gesamte Wirtschaftsweise an die Krisenbedingungen anzupassen. Dabei wurden Demokratie und Eigentumsrechte nicht abgeschafft, die Versorgungslage der Bevölkerung verbesserte sich sogar. Warum sollte so etwas unter den gegebenen Umständen nicht auch möglich sein? Dass die Menschen und die Wirtschaftsbetriebe, wenn ihr die Krisenhaftigkeit einer Situation klar kommuniziert wird, zu Einschränkungen und Änderungen bereit und in der Lage sind, hat auch die Corona-Pandemie bewiesen. Wir können das Blatt wenden.

Was wir tun müssen, ist klar: weltweit so viel CO_2 so schnell wie möglich, so effektiv wie möglich reduzieren.

Was wir tun können, ist auch klar. Uns immer wieder aufs Neue möglichst umfangreich informieren, das Wissen weitergeben – und handeln: Druck ausüben, nerven, stören. Uns zusammenschließen. Und dann, alles, was uns einfällt, und alles, was in unserer Macht steht, tun.

Wenn wir als Menschheit überleben wollen, müssen wir, um es mit Dietrich Bonhoeffer zu sagen, dem Rad in die Speichen fallen.

Die gute Nachricht ist: Wir können dem Rad in die Speichen fallen!

AUCH DER FLÜGELSCHLAG DES SCHMETTERLINGS BEWEGT DAS UNIVERSUM

NACHWORT VON ANGELA KRUMPEN

»Mama, du bist die Einzige, die Biomilch kauft!« Wie jeden Sommer verbrachten wir unseren Familienurlaub auf einer winzigen irischen Insel. Ein Haus, kein Strom, kein Trinkwasser, nichts als Schafe, Kormorane und überall Meeresrauschen. Hier hatten wir alle Zeit der Welt für Diskussionen aller Art, insbesondere für die grundsätzlicher Art. Mein Grundschulkind entdeckte gerade, dass andere Familien andere Regeln hatten, andere Entscheidungen trafen. Stand mit blitzenden Augen vor mir, schleuderte mir entgegen, was offensichtlich schon länger in ihm brodelte: »Mama, sagst du nicht immer wieder, für dies oder das hätten wir kein Geld? Gleichzeitig kaufst du aber teure Bionahrungsmittel und erklärst mir, das sei gut für Luft und Böden – und für uns auch.«

Hier, unter dem weiten Himmel im Atlantik, konfrontierte mich mein Kind mit seiner scharfen Logik. Und der Einwand war auch berechtigt: Wenn sonst kaum jemand mitmacht, könne ich mit dem Kauf von Biomilch gar nichts ändern. Warum gab ich dann so viel Geld dafür aus?

Eine gute Frage, die auch mich oft genug umtrieb. Ja, wir bekamen eine Gemüsekiste vom Biobauern in der Region, malerten mit Ökofarben, lebten vegetarisch, trennten Papierhülsen von Plastikjoghurtbechern, sammelten gebrauchte Tonerkartuschen und wickelten kleine Babykörper in Stoffwindeln. Schon. Aber natürlich nagte der Zweifel, wie viel das alles bringe, da zugleich jeden Tag 2000 Fußballfelder Regenwald verschwanden und jeden Tag 150 Arten, Pflanzen und Tiere, ausstarben.

Das ist 20 Jahre her. Und die weltweite Lage hat sich seitdem dramatisch verschlechtert. Ich darf, wenn es um die Schuldfrage geht, keine mildernden Umstände beantragen, darf nicht sagen, ich hätte die globalen Zusammenhänge nicht gekannt. Fast die ganzen Nullerjahre des neuen Jahrtausends verantwortete und moderierte ich jede Woche eine Radio-Ratgebersendung. Jeweils einmal im Monat ging es um ökologisches Leben und um bewusstes Leben. Fast zehn Jahre lang suchte ich Radiogäste, die über mögliche Lösungsansätze sprachen, und auch nach solchen, die globale Zusammenhänge deutlich machen konnten. Dachte mir Sendungen über ökologisches Wohnen aus, klärte, was das Coltan in unseren Handys mit den blutigen Bürgerkriegen im Kongo zu tun hat. Oder warum in den Anbaugebieten von Orangenplantagen der Grundwasserspiegel sinkt, die Menschen vor Ort deswegen ihr Wasser nun kaufen müssen, aber nicht bezahlen können. Wir hingegen können für einen Spottpreis jeden Tag Orangensaft trinken, als käme es wie Wasser aus dem Hahn.

»Sie lösen alles immer nur individuell, Frau Krumpen. Nie strukturell.« Als der Kölner Sozialpfarrer Franz Meurer mir diesen Satz am Rande einer Begegnung zuwarf, zuckte ich zusammen und wusste sofort: Er hat recht. Sein Satz traf mich wie ein Pfeil, steckte fortan tief in meiner Brust, ließ sich nicht herausziehen, nicht entkräften, eiterte vor sich hin. Eiterte vor allem deswegen, weil ich zwar viel wusste. Aber nie wusste: Wie soll *ich* denn, strukturell, wirklich etwas verändern? *Greenpeace* unterstützen und Ökostrom beziehen sind ein Anfang. Sendungen darüber, was jede und jeder Einzelne tun kann, vielleicht auch. Aber das verlagert das Problem immer wieder nur auf das Individuum.

Woran an sich nichts verkehrt ist. Schwierig wird es dann, wenn wir dabei stehen bleiben und der Eindruck entsteht, es sei genug gewonnen, wenn wir nur alle inbrünstig genug an der Verringerung unseres CO_2-Fußabdruckes arbeiteten.

Wenn ich diese Bemühungen, die Zweifel und das Unbehagen von damals mit dem Wissen von heute anschaue, nachdem ich wochenlang mit den Augen der Aktivist:innen der *Letzten Generation* auf die Themen geschaut und dazu recherchiert habe, müsste ich schon blind sein, um zu übersehen: Zufall war das damals keinesfalls. Dahinter steckte im Gegenteil System: 2004 brachte das Mineralölunternehmen BP einen CO_2-Rechner heraus, mit dem jeder Mensch berechnen kann, für wie viel CO_2 er verantwortlich ist.[94] »Whataboutism« im ganz großen Stil, sozusagen. Die riesigen Verursacher der Erderwärmung werfen über ihre eigene Verantwortung Nebelkerzen und leuchten stattdessen die so viel kleinere Verantwortung der Individuen umso greller aus.

Was in meinem Fall keine Entschuldigung und auch keine Erklärung sein soll: Ich hätte alle Möglichkeiten gehabt, mich besser, umfassender zu informieren. Stattdessen erinnere ich genau, dass ich (zu) oft immer dann das Autoradio leiser drehte oder einen Artikel mehr überflog als las, wenn es neue Erkenntnisse zum sogenannten Klimawandel gab. Mein Herz schlug dann schneller, ich atmete flacher und mir war immer klar, dass mir die Berichte schlichtweg Angst machen. Und ich es deswegen lieber doch nicht so genau wissen wollte.

Ich bin nicht stolz drauf.

Es macht mir keinen Spaß, mit den Augen der *Letzten Generation* auf die letzten 25 Jahre meines beruflichen und privaten Lebens zu schauen. Wie auch, habe ich mich doch weder gründlich genug mit den eigentlich relevanten Fragen beschäftigt, noch mich mutig genug meinen Ängsten gestellt.

Es ist gut und richtig, dass die junge Generation der Generation der Babyboomer, zu der ich gehöre, einen Spiegel und unsere Versäumnisse vorhält. Vielleicht ja sogar gerade noch rechtzeitig? Aber es ist fast schon beschämend, dass die jungen Menschen, und auch so viele Ältere, die sich mit engagieren, einen Feueralarm auslösen müssen, um zu uns durchzudringen. Dass Menschen zu so drastischen Mitteln wie Hungerstreik und zivilem Widerstand greifen müssen, um andere wachzurütteln.

Ermutigend fand ich im Laufe der Recherche für dieses Buch, wie viele Menschen, schon so lange, verstanden *haben.* Wie viele Wissenschaftler:innen, so lange schon, so deutlich sagen, was Sache ist. Wie viele von ihnen, nachdem sie über eine große Zeitspanne hinweg geforscht und gewarnt haben, nun selbst zivilen Ungehorsam praktizieren, Dokumente leaken oder sich bei Straßenblockaden mit ankleben. Sie alle zahlen einen hohen Preis. Beispielsweise wenn ein Vater im Gefängnis ist und zu Hause sein Grundschulkind ohne den Papa unterm Weihnachtsbaum sitzt. Sie zahlen diesen Preis stellvertretend. Für uns alle.

Bei aller Berechtigung des Feueralarms – eine Sache macht mir dennoch Sorge. Die Sorge verstärkt sich, weil es in dieser Geschichte auch Anlass zum Staunen gibt. Beispielsweise darüber, dass sieben junge Menschen durch einen Hungerstreik ein Gespräch mit einem Regierenden erzwingen können. Beim Anschauen des Gesprächs im Netz zwischen dem Bald-Kanzler Olaf Scholz und Lea Bonasera und Henning Jeschke als Vertreter:innen der *Letzten Generation* habe ich gedacht: Wo sonst auf der Welt könnten junge Menschen Regierende auf diese Weise herausfordern? Wo würde ihnen so viel Respekt erwiesen werden, dass sie selbst noch eigene Gäste mit Sprechrecht, Menschenrechtsaktivist:innen vom anderen Ende der Welt, einladen dürfen? Auch wenn es diese anderen Orte auf der Welt natürlich gibt, muss ich doch sehr lange nachdenken, bevor mir Länder einfallen, in denen Regierende ähnlich reagieren würden wie Olaf Scholz. Das ist in meinen Augen etwas Besonderes. So wie unsere Demokratie, so fehlerhaft sie auch sein möge, eine Kostbarkeit ist. Und unsere Verfassung mit ihren historisch einmalig weitreichenden Gleichheitsrechten, geschrieben unter dem Eindruck von so viel Leid und Tod durch die Gewaltherrschaft der Nationalsozialisten, eine Kostbarkeit ist. Meine Sorge ist, wie wir *zusammen* weiterkommen. Regierende gegen Zivilbevölkerung, oder umgekehrt, Zivilbevölkerung gegen Regierende – das kann in einer Demokratie keine Lösung sein. Das freut die Populisten, die Extremisten und die echten Radikalen, das freut nur die Feinde der Demokratie. Gelingt es uns, das Anliegen der Klimaaktivist:innen, endlich, so aufzugreifen, dass wir schnell, *gemeinsam* zu echten Lösungen kommen? Und nicht über der Anklage des Politikversagens zulassen, dass das Vertrauen in die Demokratie als Institution verloren geht. Diese Sorge treibt mich wirklich um.

Aber zurück zur Frage meines kleinen Sohnes damals: Wieso ich etwas tue, das sonst fast niemand macht, obwohl dies eigentlich nur Sinn machen würde, wenn es alle tun.

Ich sagte: Das ist wirklich eine gute Frage, mein Kind. Und ich gab meinem Sohn recht, alleine könne ich zwar nicht viel ändern. Aber völlig unabhängig davon, wer oder ob jemand so dachte und handelte wie ich: Was in meiner Macht läge, sei nun mal das, was ich tun könne. Das Gute sei, *dass* ich etwas tun kann! Dann erzählte ich ihm vom Schmetterlingseffekt, einem Begriff aus der Chaostheorie. Davon, dass wir so wenig darüber wissen, welche Handlung welche Ursache welche Wirkung habe. Dass sogar ein in Brasilien flatternder Schmetterling die Atmosphäre so beeinflussen kann, dass er zu einem Wirbelsturm in Texas beitragen könne. Natürlich wüssten wir nie, was unser eigener, winziger Beitrag ausrichte. Aber wissen wir, was wir anrichten, wenn wir unseren Beitrag verweigern?

Doch wenn schon ein Flügelschlag des Schmetterlings das Universum bewegt, warum sollen wir dann, alle zusammen, nicht der Klimakrise die Stirn bieten können?

IM STAU –
EIN NACHWORT

Montag, 5. Dezember 2022. Seit halb fünf in der Früh bin ich mit dem Firmenwagen unterwegs in Richtung München. Im Kofferraum habe ich viele, große Kartons mit Dingen, die in den Verlag gebracht werden müssen. Deswegen reise ich nicht, wie sonst fast immer, mit dem Zug für die rund 450 Kilometer weite Reise durch die Republik.

Um halb acht passiere ich Nürnberg, fahre zügig an Ingolstadt vorbei und freue mich, dass ich es bald geschafft habe, auch wenn der Verkehr nun deutlich zunimmt. Die »Rushhour« hat natürlich längst begonnen. Wie es aussieht, werde ich dennoch schon um kurz nach neun im Verlag in der Maria-Luiko-Straße eintreffen, in weniger als einer halben Stunde. Ich freue mich bereits auf eine heiße Tasse Tee und die Begegnung mit den Kolleg:innen. Plötzlich beginnt der Verkehr sich zu stauen. Erst sehe ich vor mir immer mehr rote Rücklichter, dann steht der Verkehr. Das war weder absehbar noch ankündigt. Oder doch? Kurz vor Eching geht jedenfalls nichts mehr.

Lohnt es, nach der nächsten Ausfahrt Ausschau zu halten und von der Autobahn abzufahren? Wie komme ich jetzt möglichst bald hier weg? Ich bin ratlos, schalte den Motor des Wagens aus, beschließe, geduldig zu bleiben, und warte erst einmal ab. Und warte. Und warte. Wir stehen immer noch, als ich im Radio eine Verkehrsmeldung höre, die Klarheit bringt: »Klimaaktivisten befinden sich auf der A9, Nürnberg–München, kurz vor der Stadtgrenze von München auf einer Schilderbrücke. Die Polizei ist im Einsatz. Es wird um erhöhte Aufmerksamkeit gebeten.«

Wie überflüssig. Da hatte ich alles so gut geplant, war so früh aufgestanden, war so gut durchgekommen. Und jetzt stehe ich schon eine gute halbe Stunde auf der Autobahn. Einfach ausgebremst.

Jetzt ist es schon neun Uhr. Die Nachrichten. Es geht auch um die Aktionen der Klimaaktivisten, ein O-Ton wird eingespielt. Die Stimme kenne ich: Henning! Henning, mit dem ich kürzlich wegen eines Buchprojekts, das ich im neuen Jahr realisieren möchte, in einer Videokonferenz zusammengekommen bin. Heute spricht er im Radio darüber, dass in den nächsten Tagen auf den Straßen rings um die großen Städte zahlreiche Aktionen der *Letzten Generation* geplant sind, um darauf aufmerksam zu machen, dass wir auf eine Klimakatastrophe zusteuern.

Ich sitze im Auto und denke über das Bild nach, das mir gerade in den Sinn gekommen ist. Da sitze ich, einer aus der Babyboomer-Generation, im Auto und bin gerade wieder einmal in einen der vielen Staus geraten, die wir »Boomer« mit unserem Handeln, unserem Konsumverhalten, unserer Wirtschaft und der Politik der letzten vier Jahrzehnte heraufbeschworen haben.

Mit der Ausnahme, dass dieser eine Stau von der nächsten, der jungen Generation verursacht wird. Sie schlagen Alarm, sie tun es für uns, auch für mich. Damit *ich* Zeit zum Nachdenken habe. Ich bin einer aus der letzten Generation, die überhaupt noch die Möglichkeit hat, das Klimaruder herumzureißen, die Klimakatastrophe aufzuhalten.

Ja, dieser eine Stau hier ist notwendig. Es ist gut, dass ich den Alarm wahrnehme. Und es ist gut, dass mir das jetzt gerade noch einmal mehr bewusst wird.

Es gibt Bücher, die müssen geschrieben werden. Dieses Buch gehört definitiv dazu.

Während der Arbeit an diesem Buch diskutiere ich in meiner Familie, in meinem Freundeskreis, diskutieren wir viel untereinander im Verlag. Je mehr wir hören und lesen, desto mehr müssen wir reden, desto mehr erschrecke ich: darüber, was ich alles nicht gewusst habe. Darüber, wie groß das Problem, wie tief der Abgrund ist, auf den wir zusteuern. Und wie unermesslich das Leid sein wird, wenn wir nichts tun.

Am Ende dieses Buches kann ich nur hoffen, dass wir irgendwie alle noch die Kurve kriegen und begreifen, was die Stunde geschlagen hat. Dass wir alles tun, was wir können, um dem Rad in die Speichen zu fallen, wie es Dietrich Bonhoeffer, der Widerstandskämpfer, einmal formuliert hat. Denn wir haben nur eine Erde und keinen Ersatz. Die letzte Generation, die alles wenden und die Klimakatastrophe vielleicht gerade noch verhindern kann, das sind wir – wir alle.

Stefan Wiesner, Verlagsleiter bene!

VITEN

Foto: © Marlene Charlotte Limburg

Lina Eichler, Jahrgang 2002, wuchs im Ruhrgebiet auf. Sie fand über verschiedene Tierrechts- und Klimagruppen in den zivilen Widerstand und zum Hungerstreik. Angesichts des Klimanotstands verließ sie die Schule kurz vor dem Abitur und schloss sich der *Letzten Generation* an. Heute protestiert sie und koordiniert in Vollzeit den Widerstand.
https://letztegeneration.de

Foto: © picture alliance/dpa | Stefan Sauer

Henning Jeschke, Jahrgang 2000, geboren in Greifswald an der Ostseeküste. Der Weg auf die Straße führte ihn über Greta Thunberg und *Extinction Rebellion* hin zu Hungerstreik und Sekundenkleber. Heute polarisiert der Mitgründer der *Letzten Generation* und hilft, die kritische Masse zu aktivieren.
https://letztegeneration.de

Foto: © Tobias Schmitt

Dr. Jörg Alt, Jahrgang 1961, wohnt in Nürnberg. Sein Weg in den zivilen Ungehorsam und Widerstand führte über die Arbeit mit Geflüchteten, das Mitleben bei den Mayas, Projektarbeit in Afrika, Begegnung mit den *Fridays for Future* zu den Hungerstreikenden in Berlin. Heute arbeitet der Ordenspriester im UKAMA-Zentrum der Jesuiten für die sozial-ökologische Transformation.
https://www.joergalt.de/

Foto: © Markus Bollen

Angela Krumpen, Jahrgang 1963, Radiojournalistin, Autorin und Moderatorin, folgt Menschen und ihren Geschichten, wohin auch immer diese spielen: in die Armenviertel Chiles und die Kraft der Solidarität, nach Burundi und Ruanda, wo es um Völkermord und die Kraft der Versöhnung geht. Sie spricht mit Opfern des Holocausts und Tibetern im indischen Exil – immer wieder geht es um die Kraft zu überleben.
https://angela-krumpen.de/

QUELLENVERZEICHNIS

1 Siehe: https://twitter.com/BarackObama/status/514461859542351872
2 Siehe: https://unric.org/de/ipcc280202022/
3 Siehe: https://www.jesuiten.org/news/blockade-gegen-klimanotstand-unterstuetzung-und-solidaritaet
4 Siehe: https://de.wikipedia.org/wiki/%C3%9Cbereinkommen_%C3%BCber_das_Verbot_des_Einsatzes,_der_Lagerung,_der_Herstellung_und_der_Weitergabe_von_Antipersonenminen_und_%C3%BCber_deren_Vernichtung
5 Siehe: Gaserow, Vera, Nur ein kleinster gemeinsamer Nenner, *Frankfurter Rundschau*, 3. März 2005
6 Siehe: https://steuer-gegen-armut.org/
7 Alt, Jörg (2016) Wir verschenken Milliarden – Erkenntnisse des Forschungsprojekts »Steuergerechtigkeit und Armut«. Echter Verlag, Würzburg; sowie ders. (2016) Germany VII: Illicit Financial Flows, Kapitel »Knowingly bending the law«, S. 16 ff., siehe https://taxjustice-and-poverty.org/fileadmin/Dateien/Taxjustice_and_Poverty/Germany/Country_Report/07_IFFs.pdf
8 Siehe: »Steuerprivilegien kippen.« Appell der Bürgerbewegung »Finanzwende« und anderer: https://www.finanzwende.de/kampagnen/steuerprivilegien-kippen/aktionen-zur-kampagne/aktion-gegen-die-verfassungswidrige-erbschaftsteuer/
9 Elsässer, Lea u.a. (21. Juli 2017) »Dem Deutschen Volke?« – Die ungleiche Responsivität des Bundestages. Siehe: https://www.armin-schaefer.de/wp-content/uploads/2014/05/Els%C3%A4sser-Hense-Sch%C3%A4fer-17–1.pdf
10 Stilglitz, Joseph E. (2012) Das Ende des Amerikanischen Traums. Die Vereinigten Staaten auf dem Weg zur Erboligarchie. In: Blätter für Deutsche und Internationale Politik, siehe: https://www.blaetter.de/ausgabe/2012/dezember/das-ende-des-amerikanischen-traums
11 Siehe: https://www.wirtransformierenbayern.de/vorlaeuferbuendnis-bayernplan; sowie: https://www.wirtransformierenbayern.de/fileadmin/Dateien/Bayernplan/Reaktionen/Petition/Trautner_210528.pdf
12 Siehe: https://www.bundesregierung.de/breg-de/themen/nachhaltigkeitspolitik/nachhaltigkeitsziele-erklaert-232174
13 Siehe: https://www.weisse-rose-stiftung.de/widerstandsgruppe-weisse-rose/flugblaetter/v-flugblatt-der-weissen-rose/
14 Siehe: https://www.sebalex.org/
15 Siehe: https://de.wikipedia.org/wiki/Dominion_(Dokumentarfilm)
16 UNHCR (27. Oktober 2022) Ukraine invasion pushes forcibly displaced worldwide to 103m in record jump. Siehe: https://www.unhcr.org/tr/en/37379-ukraine-invasion-pushes-forcibly-displaced-worldwide-to-103m-in-record-jump.html
17 Pohr, Adrian (2. August 2022) Klimawandel: Was, wenn wir nichts tun? Video, siehe: https://www.zeit.de/video/2019–09/6087750314001/klimawandel-was-wenn-wir-nichts-tun
18 Hall, Shannon (13. November 2015) Wie Exxon den Klimawandel entdeckte – und leugnete. In: Spektrum.de, siehe: https://www.spektrum.de/news/wie-exxon-den-klimawandel-entdeckte-und-leugnete/1374674
19 Siehe: https://extinctionrebellion.de/wer-wir-sind/
20 Chenoweth, Erica / Stephan, Maria (2011) Why Civil Resistance Works. The Strategical Logic of Nonviolent Conflict. Columbia University Press: New York
21 Siehe: https://www.facebook.com/watch/?v=412804843607356
22 Staude, Jörg, Für Klimaneutralität brauchen wir jede und jeden © klimareporter Online Magazin, 18. September 2021,www.klimareporter.de/protest/fuer-klimaneutralitaet-brauchen-wir-jede-und-jeden
23 Siehe: https://www.parentsforfuture.de/system/files/2021–09/Stellungnahme%20Hungerstreik%202021–09–09.pdf
24 Nietfeld, Joana, Ich gucke ihm nicht beim Hungern zu, sondern ich unterstütze ihn, *Tagesspiegel*,

25. September 2021; siehe: https://www.tagesspiegel.de/politik/ich-gucke-ihm-nicht-beim-hungern-zusondern-ich-unterstutze-ihn-4279543.html

25 Olaf Scholz im Gespräch mit Klimaaktivist_innen von Letzte Generation. Video der Friedrich Ebert Stiftung, siehe: https://www.google.com/search?client=firefox-b-d&q=youtube+letzte+generation+scholz+ebert#fpstate=ive&vld=cid:0c5150c1,vid:q0KpnFzFQgc (Kanzlerkandidat Olaf Scholz spricht mit Klima-Aktivist_innen von »Letzte Generation«)

26 Thoreau, Henry, (1849) Resistance to Civil Government or Civil Disobedience. Webtext, siehe: https://wwnorton.com/college/history/archive/resources/documents/ch13_04.htm

27 Aktions- und Protestkonsens der *Letzten Generation*, siehe: https://letztegeneration.de/mitmachen/werte-protestkonsens/

28 Alt, Jörg (2020) »Handelt! Ein Appell an Christen und Kirchen, die Zukunft zu retten.« Vier Türme Verlag, Münsterschwarzach

29 Papst Franziskus (2013) Apostolisches Schreiben Evangelii Gaudium, Nr. 53; https://www.vatican.va/content/francesco/de/apost_exhortations/documents/papa-francesco_esortazione-ap_20131124_evangelii-gaudium.html#Nein_zu_einer_Wirtschaft_der_Ausschlie%C3%9Fung

30 Tornielli, Andrea & Galeazzi, Giacomo (2015). This Economy Kills – Pope Francis on Capitalism and Social Justice. Amazon-Kindle.

31 Papst Franziskus (2015) Enzyklika Laudato Si. Siehe: https://www.vatican.va/content/dam/francesco/pdf/encyclicals/documents/papa-francesco_20150524_enciclica-laudato-si_ge.pdf; abgerufen am 24. Januar 2023

32 Alt, Jörg (2021) »Einfach anfangen! Bausteine für eine gerechtere und nachhaltigere Welt.«, Vier Türme Verlag, Münsterschwarzach

33 2022 war Erdüberlastungstag am 4. Mai für Deutschland, am 28. Juli für die Welt, jeweils so früh wie nie zuvor. Siehe: https://www.umweltbundesamt.de/themen/erdueberlastungstag-ressourcen-fuer-2022-verbraucht

34 Easterlin, Richard A.: *Does Economic Growth Improve the Human Lot?* In: Paul A. David & Melvin W. Reder (Hrsg.): *Nations and Households in Economic Growth: Essays in Honor of Moses Abramovitz.* Academic Press, New York 1974, S. 89–125

35 Bialdiga, Kirsten (21. Oktober 2022) Bunker Boom für CO_2. In: Manager Magazin, siehe: https://www.manager-magazin.de/unternehmen/industrie/climeworks-und-carbon-capture-boom-im-geschaeft-der-CO2-bunker-a-dafef3f3-78ab-4af9-98ce-1fce3f6d2df9

36 Thunberg, Greta, Monbiot, George (2019) Nature Now. Auf: Conservation International, siehe: https://www.youtube.com/watch?v=-S14SjemfAg

37 Siehe: https://en.wikipedia.org/wiki/Heterodox_economics

38 Die *Gemeinwohlökonomie* geht zurück auf Wolfgang Felber, die *Doughnut Economics* auf die Oxford-Ökonomin Kate Raworth.

39 Siehe: https://www.umweltbundesamt.de/daten/umweltindikatoren/indikator-nationaler-wohlfahrtsindex#wie-ist- die-entwicklung-zu-bewerten. Einen solchen Kurswechsel empfiehlt im Übrigen auch der Club of Rome in seinem Bericht EarthForAll. Ein Survivalguide für unseren Planeten (2022) München: Oekom.

40 Siehe die Vorschläge des Club of Rome-EarthForAll-Berichts zur Verringerung von Ungleichheit sowie Fratzscher, Marcel (29. Dezember 2017) Ein Chancenerbe für alle. Siehe https://www.zeit.de/wirtschaft/2017-12/erbe-vermoegen-erbschaftssteuer-entwicklung?utm_referrer=https%3A%2F%2Fwww.google.com%2F

41 Dazu Papst Franziskus: Das Verhalten »derer, die mehr und mehr konsumieren und zerstören, während andere noch nicht entsprechend ihrer Menschenwürde leben können, (ist) unvertretbar. Darum ist die Stunde gekommen, in einigen Teilen der Welt einen gewissen Wachstumsrückgang zu akzeptieren und Hilfen zu geben, damit in anderen Teilen ein gesunder Aufschwung stattfinden kann« (*Laudato Si,* Nr. 193).

42 Siehe: https://www.joergalt.de/ziviler-ungehorsam/essenrettenlebenretten

43 Siehe: https://www.joergalt.de/ziviler-ungehorsam/solidaritaet/globaler-sueden

44 Umweltbundesamt, Themenseite »Tempolimit«, siehe: https://www.umweltbundesamt.de/themen/verkehr-laerm/nachhaltige-mobilitaet/tempolimit#:~:text=Bei%20Einf%C3%BChrung%20eines%20Tempolimits%20von,%2D%C3%84quivalente%20im%20Jahr%202018).

45 Thelen, Raphael, Letzte Generation: Abgedreht, in: *ZEIT ONLINE*, 27. April 2022 https://www.zeit.de/gesellschaft/zeitgeschehen/2022-04/letzte-generation-klimaschutz-aktivismus-gaspipeline-berlin
46 Siehe: https://letztegeneration.de/presse/pressemitteilungen2/
47 »What we do over the next three to four years, I believe, is going to determine the future of humanity. We are in a very very desperate situation.« Siehe: https://www.thecitizen.org.au/articles/forget-2050-experts-say-its-2030-or-bust-for-net-zero-emissions
48 Kixmüller, Jan (28. Februar 2022) Bis zu 3,6 Milliarden Menschen gefährdet: Weltklimarat: Erderwärmung bedroht den ganzen Planeten. In: Tagesspiegel, siehe: https://www.tagesspiegel.de/wissen/liveblog/36-milliarden-menschen-schon-heute-hochgradig-gefahrdet-5420338.html
49 »Global GHG emissions are projected to peak between 2020 and at the latest before 2025 in global modelled pathways that limit warming to 1.5 °C (>50%) with no or limited overshoot and in those that limit warming to 2 °C (>67%) and assume immediate action«. Siehe: https://www.ipcc.ch/report/ar6/wg3/downloads/report/IPCC_AR6_WGIII_SummaryForPolicymakers.pdf
50 Siehe: https://www.handelsblatt.com/politik/deutschland/klimapolitik-bund-legt-klimaprogramm-fuer-verkehr-und-bau-vor-streit-um-gesamtplan/28501890.html
51 Alt, Jörg (2022) „Widerstand! Gegen eine Wirtschaft, die tötet.", Vier Türme Verlag, Münsterschwarzach
52 Meadows, Dennis & Donella, u. a.: Die Grenzen des Wachstums 1972, Übersetzung von Hans-Dieter Heck, 14. Aufl., Deutsche Verlags-Anstalt, Stuttgart, 1987, S.17
53 Copernicus Climate Change Service (9. Januar 2023) 2022 saw record temperatures in Europe and across the world. Siehe: https://climate.copernicus.eu/2022-saw-record-temperatures-europe-and-across-world
54 Rahmstorf, Stefan u.a. (13. Januar 2023) Assessing ExxonMobil's global warming projections. In: Science, siehe: https://www.science.org/doi/10.1126/science.abk0063; sowie Potsdam Institut für Klimafolgenforschung (12. Januar 2023) Ölkonzern Exxon kannte Klimawirkung ganz genau: neue Studie in ›Science‹. Siehe: https://www.pik-potsdam.de/de/aktuelles/nachrichten/oelkonzern-exxon-kannte-klimawirkung-ganz-genau-neue-studie-in-science
55 Siehe: https://www.bundesregierung.de/breg-de/themen/klimaschutz/lng-terminal-eroeffnet-2157792
56 Blau, Wolfgang (3. Februar 2022) Climate Change: Journalism's Greatest Challenge. Green Templeton Lecture, siehe https://wblau.medium.com/climate-change-journalisms-greatest-challenge-2bb59bfb38b8
57 Schurmann, Sara (März 2021) Über den Klimawandel und seinen Platz in den Medien. In: Politische Bildung Brandenburg, siehe https://www.politische-bildung-brandenburg.de/themen/sara-schurmann-ueber-den-klimawandel-und-seinen-platz-den-medien
58 Siehe: https://de.wikipedia.org/wiki/Liste_der_L%C3%A4nder_nach_CO2-Emission_pro_Kopf
59 Siehe: Otto, Alexandra Urismann, Die Wahrheit über staatliche Klimaziele. In: Thunberg, Greta (2022), Fischer Verlag, Frankfurt S. 229-232
60 Siehe: https://www.theguardian.com/environment/2023/jan/18/revealed-forest-carbon-offsets-biggest-provider-worthless-verra-aoe?CMP=share_btn_tw, https://www.zeit.de/2023/04/CO2-zertifikate-betrug-emissionshandel-klimaschutz/komplettansicht
61 Siehe: https://www.duh.de/projekte/geheimdeal-gegen-das-klima/; https://www.duh.de/fileadmin/user_upload/download/Projektinformation/Energiewende/200807_Schreiben_Scholz_Mnuchin.pdf
62 Siehe: https://www.zeit.de/news/2021–02/09/scholz-bot-usa-schmutzigen-deal-zu-nord-stream-2-an
63 Siehe: https://www.bundesverfassungsgericht.de/SharedDocs/Pressemitteilungen/DE/2021/bvg21–031.html; 1 BvR 2656/18, 1 BvR 288/20, 1 BvR 96/20, 1 BvR 78/20
64 Siehe: https://www.bundesverfassungsgericht.de/SharedDocs/Pressemitteilungen/DE/2021/bvg21–031.html
65 Latane, Bibb / Darley, John M. (1968) Group inhibition of bystander intervention in

emergencies. IN: Journal of Personality and Social Psychology, 10(3), S. 215–221, siehe: https://doi.org/10.1037/h0026570
66 Siehe: »Das Klima-Buch«, hrsg. von Greta Thunberg, S.Fischer Verlag, Frankfurt, 2022; S. 370–372
67 Siehe: »Das Klima-Buch«, hrsg. von Greta Thunberg, S.Fischer Verlag, Frankfurt, 2022
68 Siehe: https://www.climatechangenews.com/2022/04/04/saudi-arabia-dilutes-fossil-fuel-phase-out-language-with-techno-fixes-in-ipcc-report/
69 Siehe: https://unric.org/en/guterres-the-ipcc-report-is-a-code-red-for-humanity/
70 Siehe: https://www.un.org/sg/en/content/sg/statement/2022–04–04/secretary-generals-video-message-the-launch-of-the-third-ipcc-report-scroll-down-for-languages
71 Siehe: https://www.ipcc.ch/report/sixth-assessment-report-working-group-ii/
72 Siehe: https://climateactiontracker.org/global/temperatures/
73 Siehe: https://www.unep.org/resources/emissions-gap-report-2022
74 Siehe: https://www.nau.ch/news/schweiz/klimaaktivisten-blockieren-autobahnzu-fahrt-in-bern-66301422
75 Siehe: https://www.duden.de/rechtschreibung/Kipppunkt
76 Siehe: https://www.pik-potsdam.de/de/produkte/infothek/kippelemente/kippelemente
77 Siehe: https://www.umweltbundesamt.de/sites/default/files/medien/publikation/long/3283.pdf sowie https://earth.stanford.edu/news/methane-and-climate-change
78 Siehe: https://www.pik-potsdam.de/de/produkte/infothek/kippelemente/kippelemente
79 Siehe: https://www.unep.org/news-and-stories/story/methane-emissions-are-driving-climate-change-heres-how-reduce-them und https://earth.stanford.edu/news/methane-and-climate-change
80 Siehe: https://www.theguardian.com/environment/2021/jun/03/climate-tip-ping-points-could-topple-like-dominoes-warn-scientists
81 Point of No Return. Nature Magazin, Volume 585, Issue 7826, 24. September 2020, siehe: https://www.nature.com/nature/volumes/585/issues/7826
82 Xu, Chi / Kohler, Timothy A. u.a. (4. Mai 2020) Future of the human climate niche, In: PNAS, siehe: https://www.pnas.org/doi/10.1073/pnas.1910114117
83 Ripple, William J. / Wolf, Christopher u.a. (26. Oktober 2020), In: BioScience 12/2020, siehe: https://academic.oup.com/bioscience/article/72/12/1149/6764747?login=false
84 Siehe: https://attachment.rrz.uni-hamburg.de/8c8af471/CLICCS-Hamburg-Climate-Futures-Outlook-2023.pdf
85 Siehe: https://www.riffreporter.de/de/umwelt/klimakrise-cliccs-studie-plausibilitaet-szenarien-gesellschaft-physik-konsum-wirtschaft
86 Otto, Ilona / Donges, Jonathan F. (21. Januar 2021) Social tipping dynamics for stabilizing Earth's climate by 2050. In: PNAS, siehe: https://www.pnas.org/doi/10.1073/pnas.1900577117
87 Siehe: https://www.lemonde.fr/planete/article/2021/02/10/climat-les-propositions-de-la-convention-citoyenne-ont-elles-ete-reprises-par-le-gouvernement_6069467_3244.html
88 Siehe: https://buergerrat-klima.de/
89 Planetary Health Action Acceptance Study Erfurt - Das Klimaschutz-Monitoring für Deutschland - Erste Ergebnisse (3. September 2021). Siehe: https://dfncloud.uni-erfurt.de/s/7DgGrbE8MCdEN4t
90 Siehe: https://www.sueddeutsche.de/politik/schaeuble-bundestagspraesident-buergerraete-1.5044696
91 Siehe: https://www.bundesregierung.de/breg-de/aktuelles/koalitionsvertrag-2021–1990800
92 Siehe: https://buergerrat-klima.de/
93 Siehe: https://buergerrat-klima.de/wie-laeuft-der-buergerrat-klima-ab/das-losverfahren
94 Fieber, Tanja/ Konitzer, Franziska (27. Oktober 2021) Wie der CO2-Fußabdruck die Klima-Realität verschleiert. In: ARD-alpha, siehe: https://www.ardalpha.de/wissen/umwelt/nachhaltigkeit/co2-fussabdruck-carbon-footprint-shell-exxon-bp-taeuschung-klima-100.html

Links wurden zuletzt am 12. Februar 2023 überprüft.

Besuchen Sie uns im Internet:
www.bene-verlag.de

Originalausgabe März 2023

Ein Imprint der Verlagsgruppe
Droemer Knaur GmbH & Co. KG, München.

Konzept und Textgestaltung: Angela Krumpen
Lektorat: Stefan Wiesner
Gestaltung: Maike Michel
Covermotiv: stock.adobe.com/Björn Wylezich, Shutterstock.com/Svetliy
Druck und Bindung: GGP Media GmbH, Pößneck
ISBN 978-3-96340-263-0

5 4 3 2 1